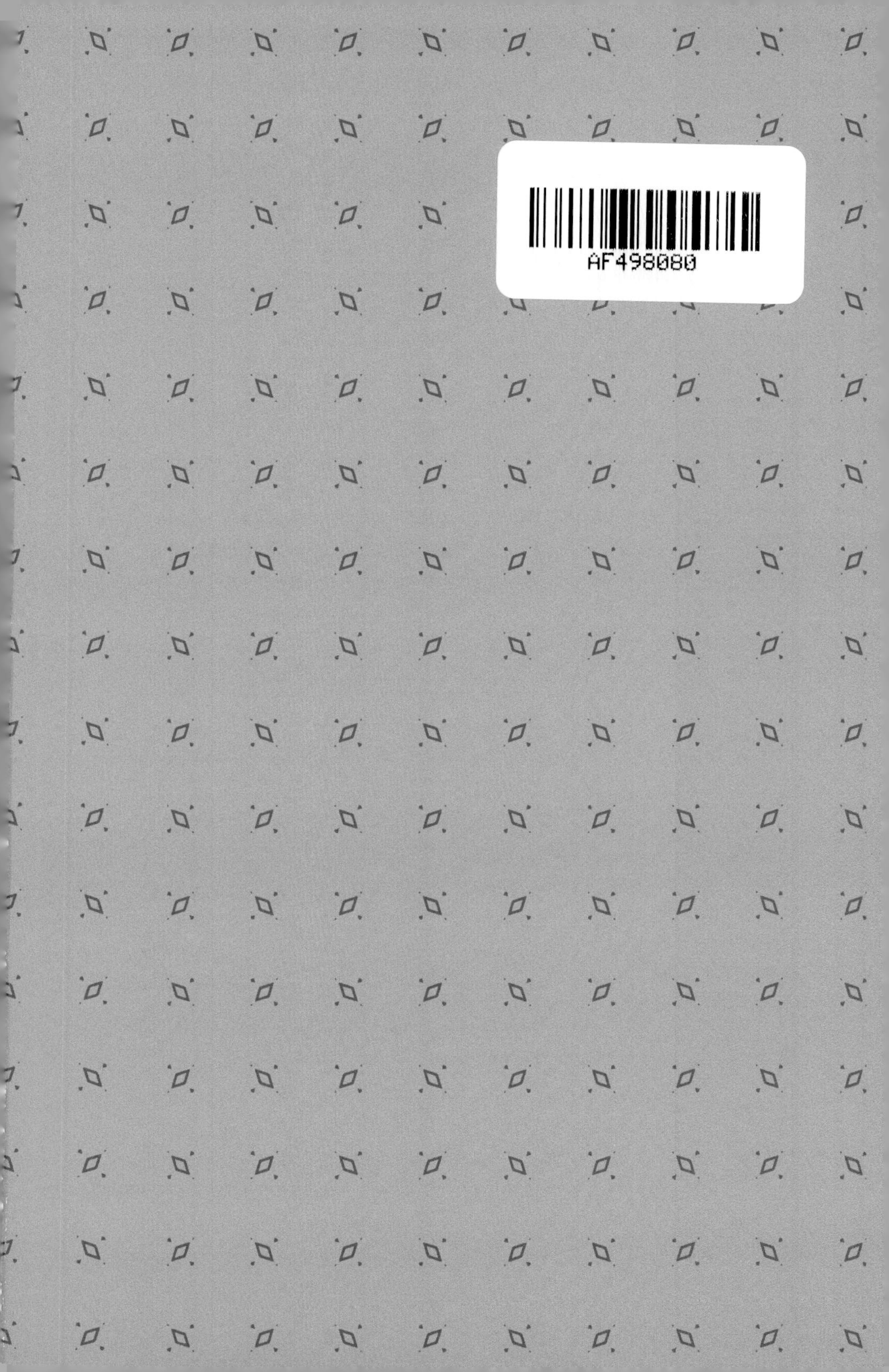
AF498080

Coordinado por
José Joaquín Flechoso

Prólogo de María González Veracruz

LA IA Y EL TRABAJO EN EL FUTURO

MADRID | CIUDAD DE MÉXICO | BUENOS AIRES | BOGOTÁ
LONDRES | SHANGHÁI

LID EDITORIAL

Comité Editorial: Santiago de Torres (presidente), Germán Castejón, Guillermo Cisneros, M.ª Teresa Corzo, Marcelino Elosua, Almudena García Calle, José Ignacio Goirigolzarri, Santiago Íñiguez de Onzoño, Luis Huete, Pilar López, Pedro Navarro, Manuel Pimentel y Carlos Rodríguez Braun.

A member of:

businesspublishersroundtable.com

Editorial Almuzara S.L.
Parque Logístico de Córdoba, Ctra. Palma del Río, Km 4, Oficina 3
14005 Córdoba
www.almuzaralibros.com
www.LIDeditorial.com

EAN-ISBN13: 978-84-10221-66-6
Directora editorial: Laura Madrigal
Editora de mesa: Paloma Albarracín
Corrección: Cristina Matallana
Maquetación: www.produccioneditorial.com
Diseño de portada: Juan Ramón Batista
Impresión: Liberdigital
Depósito legal: CO-996-2025

Impreso en España / Printed in Spain

Primera edición: mayo de 2025

Te escuchamos. Escríbenos con tus sugerencias, dudas, errores que veas o lo que tú quieras. Te contestaremos, seguro: *info@lidbusinessmedia.com*

Índice

Prólogo

En estos tiempos de aceleración tecnológica, donde la inteligencia artificial (IA) nos sorprende cada día con avances y novedades, es clave abordar, de forma sosegada, los retos que nos plantea la IA a todos los niveles, y también en el ámbito laboral. Estamos en un momento determinante para anticiparnos a los cambios que se están produciendo y frenar los posibles aspectos negativos, pero sobre todo para potenciar los beneficios que queremos que la IA reporte a nuestra sociedad, a nuestra economía y al día a día de las personas y de nuestras democracias.

La IA ya está reconfigurando industrias, redefiniendo profesiones y generando nuevas dinámicas laborales, un cambio que va más allá de la automatización de tareas que hemos vivido en anteriores revoluciones industriales: la integración de la IA en la toma de decisiones empresariales requiere un firme posicionamiento ético, capaz de salvaguardar el criterio humano, porque la revolución solo es profunda si beneficia a toda la ciudadanía. Para ello, en España hemos creado la Agencia Española de Supervisión de Inteligencia Artificial (AESIA), ubicada en A Coruña, encargada de aplicar la regulación europea en materia de IA para asegurar un uso responsable y humanista.

En un contexto global tan inestable como el que nos ha tocado vivir, el papel de Europa ha de ser clave: una tercera vía capaz de salvaguardar los valores democráticos, la justicia, la igualdad y la libertad. La IA ha de ser una aliada, y no un enemigo. A ello se dirigen los esfuerzos de este libro, y los del Gobierno de España: a construir una IA democrática, accesible a toda la sociedad y respetuosa con nuestros valores. La IA ha llegado para cambiar el mundo, y tiene que hacerlo como nosotros queramos, no como quieran otros.

Es en ese marco en el que nació la Estrategia Nacional de Inteligencia Artificial, acompañada de una inversión pública histórica, porque España puede ser líder en un momento de cambio. El objetivo es trabajar en la soberanía en sectores estratégicos y al tiempo garantizar que el desarrollo de la IA en nuestro país sea responsable y sostenible y tenga un claro acento en la vertebración territorial, una revolución al alcance de toda la ciudadanía y de las empresas. Es así como desde el Gobierno estamos desarrollando programas para que la ciudadanía, el tejido industrial y las empresas de este país puedan aprovechar las oportunidades que brindan la digitalización y la IA, promoviendo el desarrollo de competencias digitales desde las etapas educativas más tempranas hasta la formación continua de los trabajadores, u

Se trata de un impulso público, decidido y comprometido con la transformación y modernización del país que abarca también otras áreas, como la supercomputación, el impulso de los espacios de datos sectoriales, la instalación en España de una de las siete fábricas europeas de IA o la creación de un modelo de lenguaje propio (ALIA), la primera infraestructura pública europea a disposición de las empresas y de los emprendedores para entrenar y generar recursos y servicios tecnológicos innovadores en castellano y en las lenguas cooficiales. Porque está en juego mucho más que el empleo: están en juego nuestros valores, nuestras democracias, nuestro sistema de bienestar. De ahí la importancia de crear modelos que hablen nuestros idiomas, que entiendan nuestra riqueza y diversidad lingüística y cultural y que eviten los sesgos de otros modelos disponibles.

Vivimos un momento convulso, pero apasionante, para el progreso y la transformación de nuestras sociedades, un momento en el que esta publicación puede orientarnos en los cambios profundos que se avecinan, un momento que requiere lo mejor de todas y de todos.

María González Veracruz
Secretaria de Estado de Digitalización
e Inteligencia Artificial

Introducción

Cómo nace este libro

El objetivo que desde siempre ha perseguido Cibercotizante como *think tank* sobre la digitalización y el empleo ha sido analizar el impacto que determinadas tecnologías pueden tener en el mercado de trabajo y en las relaciones laborales.

ChatGPT-4, lanzado por OpenAI, es una innovadora herramienta de conversación que revolucionó la IA dejándola al alcance de todos. OpenAI sorprendió al mundo al anunciar el desarrollo de su modelo de lenguaje, el más avanzado hasta la fecha, con capacidades mejoradas de razonamiento y una mayor precisión en la resolución de problemas complejos, donde ChatGPT-4 representa un salto aún más significativo en la IA. Con cada logro y mejora, ChatGPT y sus predecesores han demostrado el impresionante potencial de la IA y cómo puede transformar la forma en la que interactuamos con la tecnología.

Al ser desde el mismo momento de su lanzamiento un elemento al alcance de la gran población cuyo uso se preveía que fuera universal, nos parecía relevante que en el seno de Cibercotizante se tratase el tema de la aparición de este tipo de IA generativa y su posible influencia en el mundo laboral.

Bajo estas circunstancias, y dado que Cibercotizante reúne diferentes perfiles profesionales tanto del mundo digital como laboral, académico y empresarial, nos pareció importante crear un grupo de estudio del nuevo escenario con la IA como gran protagonista. Este grupo, que nació con once miembros, poco a poco y por razones varias ha quedado reducido a los cinco coautores que firmamos este libro.

Si analizamos la génesis de la obra en sí misma, lo más complicado desde el principio fue responder a preguntas tales como ¿para qué hacer este libro? y ¿a quién va dirigido? Las respuestas se fueron desvelando a medida que avanzábamos en su elaboración, pues era evidente que tenía un interés cada vez mayor según iban apareciendo noticias y opiniones, muchas más relacionadas con una especie de moda de hablar sobre IA aunque no se tuvieran especiales conocimientos, con lo que entendimos que era necesario analizarlo con criterios profesionales y documentados.

El segundo gran escollo para la elaboración de este libro era diseñar el esquema de trabajo y la forma en la que distribuiríamos bloques temáticos y, dentro de ellos, los subniveles que nos permitirían llegar a la formulación de las preguntas. Tal y como definimos en este libro, se creó una metodología para interrogar a la IA, pues más importante que lo que nos conteste es definir cómo lo hacemos para que el trabajo no sea simplemente una conversación o un interrogatorio con trasfondo tecnológico, sino con una base que aporte rigor al trabajo.

Metodología seguida

«¿Vienes aquí porque sabes algo o porque no sabes nada?», dice la Oráculo a Neo (*Matrix*, 1999).

En su primera visita a la Oráculo en la película *Matrix*, Neo pasa rápidamente por el vestíbulo sin mirar apenas al anciano ciego que, asido a su bastón, espera pacientemente en un banco. Ese anciano es Tiresias, adivino de la mitología griega que fue castigado con la ceguera por Hera, si bien recibió de Zeus en compensación el don de la profecía. No es casualidad que sea Tiresias quien espera en la consulta de la Oráculo de *Matrix*. Ambos fueron dotados de la capacidad de responder a las preguntas que les hicieran sobre el futuro, siempre y cuando las preguntas fueran adecuadas: Tiresias, como humano que revela verdades incómodas; la Oráculo, como un sistema sintético empático y capaz de predecir el comportamiento de las personas.

La IA actual es el oráculo del siglo XXI. De nuevo nos acompaña en los momentos de duda, cuando necesitamos inspiración, conocimiento o, simplemente, compañía. A la IA le pedimos que responda a las preguntas que le planteamos suponiendo que está en posesión de *la verdad*. Bien sabemos que *la verdad* como tal no existe, puesto que depende del entendimiento de *lo que está ahí fuera* respecto a lo que pensamos y nos preocupa en nuestro interior. Pero la seguridad con la que estos sistemas nos responden nos da a entender que, efectivamente, están en posesión de la verdad. Como Tiresias, las IA son ciegas, no comprenden lo que saben ni por qué lo saben, pero nos lo ofrecen con gentileza. Los oráculos nos muestran la puerta al saber pero, como en *Matrix*, somos nosotros quienes debemos querer atravesar esa puerta y tener claro para qué lo hacemos. Este libro pretende ser una llave para abrir la puerta al conocimiento que nos brinda el oráculo de la IA. Los autores hemos querido hacerle muchas preguntas sobre el futuro del trabajo en relación con la tecnología y con lo digital, pero también respecto a sí misma.

La metodología propuesta ha seguido el método científico de ensayo y error hasta encontrar el marco que hemos considerado más satisfactorio entre los muchos posibles. No es el único método, quizás tampoco el mejor, y a ciencia cierta quedará desactualizado tan pronto como surjan nuevas actualizaciones de los modelos de IA. Con todo ello, nos ha servido para aprender, para elevar nuestro espíritu crítico sobre lo que la IA es capaz de profetizar y, por tanto, humildemente lo presentamos como guía para otras personas que quieran acercarse al oráculo en busca de respuestas.

De este modo, antes que nada, la primera decisión que tuvimos que consensuar fue el número de IA con las que realizar el experimento, que fue oscilando, tanto en número como en nombres, hasta decidir seleccionar únicament e ChatGPT, principalmente por su capacidad de comprender el lenguaje natural. Una vez tomada esta decisión, el siguiente paso fue proponer una serie de temas y apartados y decidir qué expertos se ocuparían de cada bloque. A continuación, los expertos redactamos una multitud de preguntas sobre cómo será el futuro del trabajo en cada uno de dichos apartados, siguiendo para la redacción de los *prompts* (comandos) un marco de trabajo de contexto-rol-petición. Tras la ingesta de las cuestiones en ChatGPT en bloques grandes, se vio necesario restringir su número, ya que en muchas se apreciaba cierta redundancia o simplificación en las respuestas. De este modo, el primer hallazgo fue que menos preguntas, pero más diferentes, generan respuestas más ricas y profundas al ir ganando la IA más contexto y conocimiento de lo que se le está consultando. A continuación, se procedió a solicitar a la propia IA una mejora sobre las cuestiones escritas, que serían de nuevo revisadas por el experto humano.

El paso decisivo consistió en la ingesta de las preguntas en la IA seleccionada (ChatGPT en su versión gratuita) por parte de un experto de Microsoft, considerando cuál era el momento óptimo para hacerlo y de qué manera (en dos lotes y en un plazo inferior a una semana durante el mes de noviembre de 2024). Por último, se revisaron las respuestas de la IA y se añadieron las valoraciones por parte de cada experto humano en un intento —que esperamos que sea satisfactorio para el lector— de matizar y enriquecer con la experiencia y el conocimiento de la persona aquello que ChatGPT no veía o, sencillamente, no podía ver.

En el viaje se revelaron algunos descubrimientos. Antes que nada, la necesidad de calentar o engrasar la conversación con ChatGPT, dándole información sobre la intención del libro, los autores invitados, la estructura de cada apartado y, sobre todo, qué se esperaba de él. Porque, como en cualquier conversación, sin contexto no hay entendimiento. Otro *insight* fue en el momento de la ingesta de las cuestiones, ya que se detectó que, a partir de determinado número de preguntas proporcionadas a la vez, las respuestas de la IA se aplanaban sustancialmente, apareciendo repeticiones o frases simples carentes de significado. Esto nos llevó a una reflexión sobre la posible esterilidad o tendencia a la planitud de la IA a largo plazo, ya que, al basarse en conocimiento previo, podría llegar a ofrecer respuestas redundantes y poco ingeniosas. Un último descubrimiento fue la rapidez de las respuestas iniciales, que, sin ser perfectas, servían para crear una conversación cada vez más enriquecedora y sorprendente. Porque ChatGPT, como los demás modelos, no es un buscador, sino un generador de conversaciones cuyo éxito depende de quién gobierne el diálogo, es decir, de la persona, de su intención y de su creatividad.

Confiamos en que esta metodología y el método propuesto en estas páginas sirvan para guiar a los expertos de Recursos Humanos

(RR. HH.) de las empresas en particular y a las personas que están dando sus primeros pasos en la consulta de la IA en general. Quizás en algún tiempo este libro sea parte de la prehistoria de cómo los humanos preguntaban a las máquinas y nos demos cuenta de que, como siempre, lo importante no es tener las respuestas, sino saber hacer buenas preguntas. O, dicho de otro modo, no basta con saber el camino; hay que recorrerlo.

BLOQUE 1
EMPLEO Y MERCADO DEL TRABAJO

La transformación de los entornos de trabajo invita a un análisis de las configuraciones que emergen en torno a la flexibilización y la evolución de los modelos laborales. Este bloque aborda cómo estos cambios reconfiguran la organización del trabajo y plantean desafíos en la definición de roles, competencias y relaciones profesionales. Se examinan, a partir de datos y estudios recientes, las implicaciones de adoptar esquemas menos convencionales, poniendo especial énfasis en la forma en la que esta transición puede abrir oportunidades, a la vez que genera riesgos vinculados a la calidad y la estabilidad del empleo.

La constante evolución de la tecnología transformando todos los parámetros de la sociedad y del mercado laboral tal y como se conocía en las últimas décadas exige adaptaciones en las políticas de empleo para sostener las estructuras sociales.

La situación de aislamiento creada por la pandemia de la COVID-19 provocó que se acelerasen cambios en la forma de relacionarse con el entorno tanto personal como profesional, pasando de un trabajo presencial a un teletrabajo total, exigiendo de las organizaciones desplegar con rapidez nuevos modelos de trabajo. En este entorno surgieron las modalidades de trabajo híbrido a la finalización del período de aislamiento, cambios en los contratos laborales para ser adaptados a las nuevas necesidades y posteriormente las reivindicaciones de los trabajadores al descubrir las ventajas del teletrabajo (principalmente en lo que respecta al ahorro de tiempo en los desplazamientos y la flexibilidad para la conciliación). El trabajo híbrido también obligó a las empresas a asegurar las conexiones telemáticas para evitar ciberataques.

Con la integración de las tecnologías en la producción de ciertas tareas rutinarias se provoca la desaparición de algunas categorías profesionales en determinados sectores, generando mayor inestabilidad en el bienestar social de las personas. En el otro lado de la balanza, la tecnología puso y sigue poniendo sobre la mesa la necesidad de automatizar más procesos repetitivos para aliviar la carga repetitiva de los trabajos y favorecer, por tanto, la reducción de los costes laborales y la posibilidad de dedicar más tiempo a tareas más intelectuales o creativas. La irrupción de la IA y de los agentes abre una época en la que muchos procesos y tareas van a cambiar tangencialmente, así como el modo en el que los trabajadores se relacionan entre sí y con las máquinas.

La flexibilización de la jornada de trabajo es cada vez más necesaria para captar y retener el talento tanto de los jóvenes que se incorporan al mercado laboral como de cierto sector del talento *senior*, consciente de las posibilidades de compaginar su trabajo estable con otras modalidades de colaboración. En este sentido, los organismos estatales y supragubernamentales han ido legislando nuevos modelos de contratos y han manifestado sus preocupaciones por la inestabilidad e incertidumbre creadas por la reducción del empleo a nivel mundial con la creciente incorporación de la automatización de multitud de procesos y robots. Estos factores provocan la precariedad en las condiciones laborales no solo económicas sino también de salud, disparándose el número de casos de enfermedades mentales y el porcentaje de desempleados de cualquier edad, lo que exige de las administraciones soluciones para asegurar una estabilidad básica en unas democracias cada vez más impactadas por la geopolítica internacional.

Los organismos internacionales, como la Organización para la Cooperación y el Desarrollo (OCDE), la Unión Europea (UE), la Organización Internacional del Trabajo (OIT) y los nacionales y locales (ministerios y sindicatos) elaboran de forma frecuente informes y recomendaciones a partir de datos y negocian convenios colectivos con el fin de establecer un marco legal estable y protector de los derechos fundamentales de las personas en las condiciones laborales, en los salarios y, en definitiva, en todo aquello que afecta al buen desarrollo y equilibrio de la sociedad. Esto, sin olvidar la creación de empleos de calidad que provienen del sector público y sobre todo del sector privado, que se enfrenta a la dura labor diaria de asegurar la viabilidad de sus organizaciones haciendo equilibrios para satisfacer a sus trabajadores, mejorar la cuenta de resultados e incorporar la tecnología a sus procesos.

Adaptar y transformar la cultura empresarial requiere esfuerzos adicionales por parte de todos los actores integrantes de la organización: recursos económicos para integrar la IA y otras herramientas tecnológicas, formación para los trabajadores para habituarse a los nuevos procesos derivados de la llegada de la tecnología, redefinición de los puestos de trabajo, integración de cambios en las condiciones laborales, análisis de la competencia, etc., con la conclusión, en muchos casos, de la necesidad perentoria de una reorganización completa del modelo de trabajo.

En un tejido empresarial como el español, en el que priman esencialmente micropymes que luchan por mantenerse en un mercado agresivo por los precios que ofrecen otros países con bajos costes laborales y fiscales, se necesitan medidas de apoyo para sostenerlas en las inversiones y acciones a las que se ven abocadas en la actualidad y para asegurar que puedan ofrecer a los trabajadores condiciones laborales justas, flexibilidad y conciliación laboral, formación adecuada con seguimiento de desarrollo profesional en las carreras para evitar rotaciones y externalizaciones de empleos, fortaleciendo el compromiso de los empleados con la empresa y dedicando tiempo a una comunicación adecuada de su evolución.

Tecnologías como IA e IA generativa, Internet de las cosas (IoT), *big data*, realidad aumentada (RA) y realidad virtual (RV), *blockchain* y los drones están redefiniendo la economía mundial, con efectos mayores que los provocados en su momento por las diferentes revoluciones industriales. Se abre un mundo de posibilidades que, siguiendo la filosofía japonesa *kaizen*, podemos imaginar que nos llevará a un estado mejor, siempre y cuando la búsqueda de la mejora continua y del futuro sea compartida y favorezca a las diferentes partes involucradas: profesionales, empresarios, Gobiernos y sociedad.

La valoración del impacto de dichas tecnologías y de sus prometidas ventajas a largo plazo tiene sus detractores, a pesar de las medidas que se promueven desde las instituciones. En primer lugar, es notoria la diferencia de velocidades entre la integración de la tecnología en el día a día de los ciudadanos y la lentitud de la incorporación en las empresas o gobiernos, derivado de la complejidad de llegar a acuerdos que satisfagan a la ingente cantidad de intervinientes internacionales y nacionales. No se trata en absoluto de un asunto baladí, considerando la repercusión y las consecuencias que tecnologías como la IA pueden ocasionar sobre los derechos fundamentales, sobre el bienestar social y económico y, por supuesto, sobre el medioambiente, en el que viven y se desarrollan personas, empresas y sociedades.

El corto plazo impera en una sociedad movida por la inmediatez de cualquier comunicación. Las nuevas tecnologías requieren una respuesta rápida y el paso a la acción, a veces irreflexivo, motivando y en ocasiones obligando a los trabajadores a redefinir su perfil profesional a marchas forzadas para familiarizarse con técnicas, lenguajes de programación o nuevos modelos de colaboración, pasando de lo analógico a lo virtual. La cultura digital favorece por su pensamiento inmediato a las nuevas generaciones que se incorporan al mercado laboral frente a los más *seniors*, quienes deben reciclarse forzosamente para responder a las necesidades del puesto. La automatización de aquellos empleos con tareas repetitivas provoca la desaparición de estos, incrementando el número de desempleados, quienes, con el fin de conseguir un trabajo, aceptan condiciones en muchas ocasiones inferiores a las anteriores; de ahí la preocupación a nivel mundial por el impacto de las nuevas tecnologías sobre la economía global.

En nuestras manos está trabajar por una sociedad digna con el apoyo de todos los integrantes decisorios de esta nueva era tecnológica usando dos de las características esenciales que nos diferencian como seres humanos: la empatía, por un lado, y el espíritu crítico, por otro.

1
Flexibilización del trabajo

Pregunta mejorada realizada a la inteligencia artificial

¿Cómo afectarán la automatización y digitalización a la flexibilidad laboral en términos de contratos y horarios, entre otros aspectos?

Respuesta obtenida de la inteligencia artificial

La automatización y digitalización seguirán impulsando una mayor flexibilidad laboral, especialmente en términos de contratos y horarios. Las empresas adoptarán cada vez más la automatización de tareas rutinarias, lo que permitirá ofrecer contratos más adaptables, con un aumento en el trabajo por proyectos y *freelance*. Los empleados tendrán horarios más flexibles, facilitados por plataformas digitales que gestionan trabajos remotos y por demanda. Sin embargo, este cambio puede traer desafíos, como menor seguridad laboral y beneficios sociales, especialmente para quienes trabajen en modalidades temporales o *freelance*.

Comentario y valoración final

Tal y como indica la IA, la automatización y digitalización pueden llegar a promover modelos de contratación diferentes a los tradicionales dentro del marco de la denominada *gig economy*. En este marco relacional, los trabajadores que no puedan o no quieran optar a un trabajo bajo un modelo de contratación tradicional pueden ofrecer sus servicios de forma flexible, por ejemplo, como *freelances*, sin la estabilidad o los beneficios que proporcionan los contratos de trabajo tradicionales. Esto puede facilitar la inserción rápida en el mercado laboral y la conciliación de múltiples fuentes de ingreso, aunque también puede generar precariedad y desigualdades en términos de protección social, seguridad laboral y derechos del trabajador (World Economic Forum, 2020[1]).

Para afrontar esta situación, se empiezan a configurar los llamados *beneficios portátiles*, prestaciones como seguros médicos, planes de jubilación o indemnizaciones que no dependen de un único empleador y se pueden *transportar* de un trabajo a otro. De esta forma, los profesionales (incluidos los trabajadores *freelance* o temporales) mantendrían una continuidad de cobertura y ventajas sociales, independientemente de los cambios de empresa o proyectos[2].

Esta *movilidad* o *liquidez* laboral empujaría a los profesionales a mejorar constantemente competencias transversales como la adaptabilidad, la comunicación y el trabajo en remoto; en definitiva, su capacidad de aprendizaje continuo. Esto no es algo novedoso, puesto que en las últimas décadas se ha hecho más notoria la necesidad de seguir aprendiendo para mejorar la empleabilidad dentro y fuera de la propia empresa o actividad profesional. De hecho, según las proyecciones de hace algunos años del World Economic Forum[3] (WEF, entidad no gubernamental) (2020), cerca de la mitad de los profesionales deberían actualizar sus habilidades de forma constante a través de cursos, certificaciones, participación en eventos o foros especializados, etc. Por otro lado, la convivencia de los diferentes modelos laborales junto con los procesos cada vez más automatizados llevarán a las empresas contratantes al diseño de nuevas políticas de gestión del talento, contemplando la existencia de equipos híbridos y la convivencia de trabajadores permanentes y *freelances* con los nuevos agentes de IA, RPA y otras automatizaciones.

Pregunta mejorada realizada a la inteligencia artificial

¿Cómo afectará la flexibilización del trabajo, impulsada por la automatización de tareas y el trabajo remoto, a la duración y distribución de la jornada laboral en los próximos años?

Respuesta obtenida de la inteligencia artificial

La flexibilización del trabajo, impulsada por la automatización y el trabajo remoto, reducirá la rigidez de la jornada laboral. La automatización permitirá a las empresas completar tareas más rápidamente, lo que podría llevar a jornadas laborales más cortas en ciertos sectores. A medida que el trabajo remoto se consolide, los empleados tendrán más autonomía para distribuir sus horas de trabajo de manera más flexible, adaptándolas a sus necesidades personales. Esto fomentará la adopción de modelos como las jornadas a tiempo parcial o de cuatro días. Sin embargo, la disponibilidad constante y la falta de fronteras claras entre el tiempo personal y laboral podrían generar sobrecarga en algunos trabajadores, a pesar de esta flexibilidad.

Comentario y valoración final

La jornada laboral en horquillas de 8 a 9 h a 17 a 18 h o similares se basa en la conquista histórica de la jornada de 8 h, promovida por los movimientos obreros de finales del siglo XIX y principios del XX. En la actualidad, este horario sigue siendo habitual, aunque las nuevas tecnologías empiezan a desafiarlo al entender que el teletrabajo o el trabajo híbrido pueden constituir una alternativa que otorgue flexibilidad, por un lado, y el avance hacia el trabajo orientado a objetivos o proyectos, por otro. La automatización permite completar tareas más rápido, lo que podría derivar en jornadas más cortas en algunos sectores. En el caso de la industria de operaciones o logísticas, cada vez es más habitual combinar tareas que solo se pueden hacer de forma presencial con otras, como la supervisión remota de sistemas automatizados.

El avance tecnológico y la cultura orientada a resultados han llevado a muchas empresas a replantear los horarios rígidos, explorando esquemas más flexibles. Sin perder de vista la base histórica de la limitación de la jornada laboral para proteger el bienestar de los empleados, algunas organizaciones experimentan con modelos alternativos. Desigual, en 2021, impulsó la semana laboral de cuatro días, mientras que otras, como MarsBased, Paradigma Digital o The Agile Monkeys, han adoptado el *full remote*. Estas prácticas buscan equilibrar productividad y vida personal, fomentando estrategias que busquen poner el foco en los resultados en lugar de la presencia física.

Sin embargo, la flexibilidad laboral plantea desafíos. La cultura del *siempre conectado* puede aumentar la presión, dificultar la desconexión digital e incluso afectar a la salud mental de los empleados (*Harvard Business Review*, 2020). Para evitarlo, las áreas de RR. HH. deben establecer políticas claras de comunicación y horarios de respuesta, respetando zonas horarias y necesidades de conciliación.

A medida que el trabajo híbrido se consolide, los empleados podrían distribuir sus horas de manera más flexible. Estos modelos combinados incluirían asistencia presencial a los centros de trabajo para aquellas tareas que requieren colaboración o cocreación, así como generar equipo y orgullo de pertenencia, y trabajo remoto para las actividades predominantemente individuales. No obstante, sigue abierta la cuestión de cómo adaptarán estos modelos sectores con atención al público. El trabajo híbrido también podría fomentar la adopción de jornadas de cuatro días, sin restringirse de lunes a viernes. Además, la flexibilidad horaria está impulsando normativas sobre el derecho a la desconexión digital, estableciendo obligaciones y excepciones para empleados y empresas.

Pregunta mejorada realizada a la inteligencia artificial

¿Qué nuevos modelos de contratación surgirán con el avance de la economía digital y el trabajo en entornos híbridos?

Respuesta obtenida de la inteligencia artificial

Con la economía digital y el aumento del trabajo remoto, surgirán nuevos modelos de contratación, como los contratos por proyectos, contratos *freelance* a corto plazo y contratos de teletrabajo. Además, el trabajo a demanda se incrementará mediante plataformas tecnológicas que conectan a trabajadores con empresas en función de habilidades específicas.

Comentario y valoración final

Además de los clásicos contratos *freelance* y por proyectos, se observa una consolidación de los denominados *talent marketplaces* (por ejemplo, Malt, Toptal o Upwork), que permiten a los profesionales ofrecer sus servicios de manera puntual a organizaciones de cualquier lugar, sin limitaciones geográficas o constricción a una jornada laboral prestablecida. Esta tendencia amplía el universo de ofertas laborales y transforma las demandas del mercado al darle tanto al profesional como a la empresa la posibilidad de escoger trabajos y talento, respectivamente. El informe El futuro del trabajo, del WEF[4], de 2020, señala que esta dinámica incrementará la movilidad del talento y favorecerá la internacionalización de los proyectos.

2
El futuro del trabajo

Enunciado convencional de la pregunta

¿Qué estrategias y políticas se pueden implementar para reubicar a los trabajadores cuyos puestos han sido automatizados y qué sectores ofrecerán más oportunidades de recolocación?

Pregunta mejorada realizada a la inteligencia artificial

¿Qué estrategias y políticas se pueden implementar para reubicar a los trabajadores cuyos puestos han sido automatizados y qué sectores ofrecerán más oportunidades de recolocación?

Respuesta obtenida de la inteligencia artificial

Para reubicar a los trabajadores desplazados por la automatización, es crucial implementar estrategias que incluyan programas de capacitación y recapacitación en habilidades digitales y transferibles, fomentar asociaciones público-privadas para desarrollar cursos específicos y ofrecer incentivos a las empresas que contraten y capaciten a estos empleados. Además, es vital expandir la seguridad social mediante ingresos garantizados temporales y facilitar el emprendimiento mediante microcréditos y simplificación regulatoria. Los sectores con mayores oportunidades de recolocación incluyen tecnología de la información, energías renovables, atención médica, logística, educación digital y economía circular, ya que ofrecen empleos sostenibles y en crecimiento gracias a las tendencias globales de digitalización y sostenibilidad.

Comentario y valoración final

La respuesta de la IA señala con acierto la importancia del aprendizaje y de la puesta en práctica de ciertas habilidades digitales. Sin embargo, conviene subrayar la importancia de diseñar programas formativos y de desarrollo que no solo se centren en la parte técnica, sino también en competencias blandas (adaptabilidad, resolución de problemas o trabajo en equipo), que son necesarias para que los trabajadores desplazados por la IA o la automatización puedan encontrar salidas laborales en estos mercados cambiantes (CIPD, 2021). Más allá del ámbito de actuación del profesional, la colaboración entre Gobiernos, empresas y entidades educativas es decisiva para garantizar un enfoque coordinado y orientado a la empleabilidad (OECD, 2019) que no olvide a colectivos especialmente sensibles a los movimientos bruscos del mercado laboral por su edad, género, origen u otras condiciones.

Además de las áreas mencionadas en la respuesta dada por la IA (tecnología, energías renovables, atención médica, logística, educación digital y economía circular), cobra especial importancia el sector de los servicios de salud y bienestar asociados a la llamada *silver economy* o economía plateada, dada la acelerada evolución demográfica y el envejecimiento de la población (European Commission, 2018[1]).

La simplificación regulatoria y el fomento al emprendimiento deben ir acompañados de un marco ético y de protección social que impida la precarización. Para el éxito de estas iniciativas sería conveniente una planificación conjunta a nivel nacional y regional, de modo que los trabajadores tengan acceso a oportunidades de desarrollo continuo y puedan integrarse en los sectores con mayor proyección de crecimiento y sostenibilidad. Según el informe sobre el futuro del trabajo del WEF del 2025 en adelante, el 44 % de las habilidades fundamentales de los trabajadores se verán transformadas para el 2025[2]. En este panorama, las empresas pueden hacer que su plantilla esté a prueba invirtiendo en su aprendizaje continuo, ya que los empleados preparados para el futuro impulsan la innovación; fomentando la adaptabilidad para desarrollar resiliencia ante el cambio; aprovechando la tecnología, utilizando la IA para potenciar —y no reemplazar— el talento humano; personalizando los caminos de crecimiento y adaptando el desarrollo a las necesidades del negocio, y colaborando externamente, asociándose con organizaciones líderes para mantenerse a la vanguardia.

Pregunta mejorada realizada a la inteligencia artificial

¿Qué políticas fiscales y de cotización social se podrían aplicar para compensar la reducción de empleos tradicionales por la automatización y la digitalización?

Respuesta obtenida de la inteligencia artificial

Para compensar la reducción de empleos tradicionales debido a la automatización y digitalización, se pueden implementar impuestos sobre la automatización o las tecnologías que sustituyan a trabajadores y destinarlos a programas de formación y seguridad social. Además, se pueden vincular las cotizaciones sociales al valor añadido por la automatización, crear subsidios temporales para empresas que reubiquen a trabajadores y establecer una renta básica universal financiada por impuestos a las grandes empresas tecnológicas. También sería útil ofrecer incentivos fiscales a sectores donde el empleo humano sigue siendo crítico, como la salud y la educación, equilibrando los beneficios de la automatización con la generación de oportunidades laborales y el apoyo social.

Comentario y valoración final

La respuesta de la IA advierte sobre las políticas fiscales y de cotización social que serán necesarias para promover tanto la sostenibilidad de los sistemas de protección como la generación de nuevo empleo debido a la progresiva automatización y digitalización de la economía. En esta línea, una de las propuestas más debatidas actualmente es la aplicación de impuestos específicos sobre aquellos robots o tecnologías que sustituyan mano de obra, cuyo recaudo se destinaría a la formación y reconversión profesional (Gartner, 2021[3]). Si bien esto afronta críticas relacionadas con la posible ralentización de la innovación, podría funcionar como medida transitoria mientras se estabiliza el mercado laboral.

Por otra parte, la vinculación de cotizaciones sociales al valor añadido generado por la automatización permitiría a las empresas optimizar su producción sin desligarse de la contribución al bienestar colectivo. La propuesta de Deloitte[4] pasa por diseñar sistemas que favorezcan la competitividad de las organizaciones y, a la vez, apoyen la reubicación de los trabajadores desplazados. Con este fin, podrían ofrecer subsidios temporales a las empresas que inviertan en el reentrenamiento y mantenimiento de los puestos de trabajo afectados, reduciendo la brecha de habilidades.

En paralelo, en los últimos años se ha intensificado el debate acerca de la renta básica universal, sobre todo como mecanismo para paliar los posibles riesgos derivados del desempleo estructural y la volatilidad laboral que conlleva la digitalización acelerada (OECD, 2020[5]). Esta propuesta propone una financiación parcial con gravámenes a las grandes tecnológicas, de modo que se podrían cubrir las necesidades básicas de los desempleados mientras se forman, emprenden como *freelances* o se reorientan laboralmente hacia los sectores emergentes. No obstante, su eficacia dependerá, entre otros factores, de una sólida arquitectura fiscal y de consensos políticos que equilibren la recaudación y la justicia redistributiva.

Por último, el fomento de incentivos fiscales en sectores críticos en los que la mano de obra humana parece que seguirá siendo esencial (como sanidad, educación y atención a la tercera edad) resultaría imprescindible para sostener la demanda de empleo y garantizar servicios de calidad (McKinsey Global Institute, 2017[6]). Estas estrategias deben insertarse en un marco global de responsabilidad social que no penalice la innovación, pero que asegure a la población activa una transición equilibrada hacia la economía digital.

Enunciado convencional de la pregunta

¿Continuará la actual tendencia de externalización o subcontratación de ciertos servicios y actividades?

Pregunta mejorada realizada a la inteligencia artificial

¿Cómo evolucionará la tendencia hacia la externalización y subcontratación de servicios en la era de la automatización y qué sectores serán los más afectados por estos cambios?

Respuesta obtenida de la inteligencia artificial

La automatización, la externalización y la subcontratación de servicios evolucionarán hacia modelos más tecnológicos, con un mayor uso de plataformas digitales y soluciones automatizadas que optimicen costes y tiempos. Las tareas repetitivas, como la atención al cliente, el procesamiento de datos y la manufactura, serán poco a poco externalizadas hacia empresas que integren IA y robótica, con la posible reducción de necesidad de mano de obra humana. Sectores como la logística, la manufactura y los servicios administrativos serán los más afectados, mientras que otras áreas de alta especialización, como el desarrollo de *software* y el análisis de datos, seguirán creciendo en externalización, requiriendo trabajadores altamente cualificados.

Comentario y valoración final

La respuesta de la IA resalta cómo la creciente adopción de tecnologías de automatización está transformando la externalización y subcontratación de servicios al incorporar herramientas de IA, analítica avanzada y robótica. Según Accenture (2021), no se trata solo de trasladar tareas repetitivas a terceros, sino de reconfigurar por completo los procesos de negocio para lograr mayor eficiencia y escalabilidad. Este fenómeno está favoreciendo la aparición de proveedores especializados en soluciones *plug-and-play* (plataformas listas para integrar y optimizar procesos), que reducen drásticamente los tiempos de implementación.

A corto plazo, parece que sectores tradicionalmente expuestos a la tercerización, como la logística y la manufactura, verán un aumento significativo en la adopción de robots y sistemas inteligentes que abarquen buena parte del ciclo productivo. Además de la sustitución de mano de obra en tareas rutinarias, la automatización impulsa también la demanda de servicios externos de consultoría en transformación digital y servicios de gestión de datos, lo que conlleva la aparición de nuevos nichos de mercado para proveedores y consultoras especializados (PwC, 2022[7]).

En el ámbito de los servicios administrativos, la automatización de trámites y la gestión documental continuarán traspasándose a plataformas que unifiquen la captura, el procesamiento y el análisis de información, a lo que se suma la revolución por la incorporación a las empresas de los *agentes* de IA. Esto puede reducir las plantillas tradicionalmente dedicadas a la gestión documental e incrementar la necesidad de contar con proveedores con experiencia en ciberseguridad y cumplimiento normativo. Es previsible que continuará la externalización en áreas como el desarrollo de *software* y la analítica de datos, mientras se demandarán profesionales con competencias cada vez más complejas, desde expertos en algoritmos predictivos o científicos de datos hasta ingenieros que diseñen arquitecturas escalables (Forrester, 2021[8]).

La respuesta de la IA pone de manifiesto el hecho de que la automatización difuminará las fronteras entre la externalización tradicional y la colaboración por proyectos. Las empresas valoran cada vez más las facilidades para contratar talento para suplir posibles carencias de conocimientos internos, pudiendo optar por modelos de contratación elásticos que les permitan crecer o reducir de forma inmediata según la demanda. Así, tendrán que balancear la eficiencia aportada por la automatización (que puede ser una *commodity*) con la necesidad de conocimiento humano especializado (donde radica realmente su *know-how* y, por tanto, su valor añadido).

3
Atención a la precariedad laboral

Enunciado convencional de la pregunta

¿Aumentará la precariedad en el empleo
y en las condiciones laborales?

Pregunta mejorada realizada a la inteligencia artificial

¿De qué manera la automatización podría contribuir a la precarización del empleo y qué sectores son más vulnerables a este fenómeno?

Respuesta obtenida de la inteligencia artificial

La automatización podría contribuir a la precarización del empleo al sustituir trabajos tradicionales con modelos más flexibles pero inestables, como contratos temporales, subcontratación y *gig economy*, disminuyendo la seguridad laboral y los beneficios sociales. En sectores como el comercio minorista, la manufactura, la logística y los servicios administrativos, las tareas repetitivas y de bajo valor agregado están más expuestas, lo que puede generar una reducción en la calidad del empleo y presionar a los trabajadores a aceptar condiciones laborales menos favorables. Además, la polarización del mercado laboral, donde los empleos de baja cualificación disminuyen y los de alta cualificación aumentan, puede excluir a muchos trabajadores que no logren adaptarse a las nuevas exigencias tecnológicas.

Comentario y valoración final

La manera en la que se hace la pregunta ya predispone al modelo a tener una visión directamente pesimista, justificada o no; falta algo de balance.

La propia pregunta infiere que la automatización de los procesos contribuirá a la precarización de los empleos, subrayando la pérdida de beneficios sociales y fundamentales conseguidos tras luchas para su reconocimiento a lo largo del siglo XX y entiende que afectará más a los sectores donde los procesos son repetitivos o de bajo valor agregado si los trabajadores no se adaptan o se forman para integrar dichas nuevas tecnologías a su talento o perfil profesional.

Sin lugar a duda, la automatización y el objetivo de conseguir una mayor productividad tienen consecuencias directas sobre la precarización del empleo, sin olvidarnos de la desaparición de mucha fuerza laboral en dichos entornos (automovilístico, logístico, agrícola, etc.), que ha pasado un tanto desapercibida por disfrazarse de prosperidad de la sociedad y de mejora de la calidad del puesto de los trabajadores sin un ofrecimiento de reconversión de sus aptitudes y conocimientos. Todo ello, unido a una deslocalización de la producción a mercados emergentes de un gran número de compañías, ha provocado mermas y tensiones en las condiciones laborales para los trabajadores respecto a la seguridad en los ingresos salariales, la continuidad en el empleo (falsos autónomos, salarios en B y empleos temporales) y la representación colectiva efectiva, con escasos controles e inspecciones laborales por falta de medios y hundidos en una burocracia pesada. Si, además de una regulación laboral exigente y de la presión fiscal a las que se ven sometidas las micropymes y pymes —cuyos números en el caso de nuestro país, según cifras facilitadas por la Dirección General de Estrategia Industrial y de la Pequeña y Mediana Empresa a fecha de julio de 2024[1], son 2 926 167 (0-249 asalariados), de las cuales 1 322 574 tienen asalariados que representan el 59 % de la fuerza laboral frente a 5647 grandes empresas—, añadimos la automatización de sus procesos para ser competitivas en precio frente a productos fabricados en otras latitudes que requiere inversiones y formaciones para los empleados, el esfuerzo a realizar es tan grande que la realidad de las cifras en el balance se impone y deriva hacia la precariedad laboral.

Pregunta mejorada realizada a la inteligencia artificial

¿Cómo deberán adaptarse los sindicatos y los modelos de negociación colectiva para proteger los derechos de los trabajadores en un mercado laboral cada vez más digitalizado?

Respuesta obtenida de la inteligencia artificial

Los sindicatos y los modelos de negociación colectiva deberán adaptarse a la digitalización adoptando enfoques innovadores y ampliando su alcance para incluir a trabajadores de plataformas digitales, autónomos y aquellos en esquemas de trabajo flexible. Esto implica negociar no solo salarios, sino también el acceso a seguridad social, protección de datos personales, derechos de desconexión digital y formación continua en habilidades tecnológicas. Además, deberán utilizar herramientas digitales para organizar y movilizar a los trabajadores, así como establecer alianzas internacionales para abordar las condiciones laborales en un mercado globalizado.

Promover marcos regulatorios que reconozcan las nuevas formas de empleo y garantizar estándares mínimos de condiciones laborales serán esenciales para proteger los derechos de los trabajadores en un entorno cada vez más automatizado.

Comentario y valoración final

En esta ocasión, la respuesta de la IA es muy genérica e indica unas directrices basadas en la negociación colectiva sostenida por sindicatos a nivel nacional y por organizaciones globales en el entorno internacional que cubran aspectos no solo como la cuestión salarial, sino también seguridad social, protección de datos, etc., sin definir claramente lo que se entiende por *precariedad laboral*, que varía según el país, el continente y las normativas, pero que la OIT perfila como condiciones laborales inseguras, inestables, de baja calidad, con una remuneración muy alejada de las condiciones económicas para una vida digna con acceso a vivienda, sanidad y educación.

Según la OIT, la precariedad laboral existe ya: la falta de estabilidad, seguridad y calidad en el entorno laboral afecta a más de 1400 millones de trabajadores en el mundo, lo que representa el 50 % de la fuerza laboral mundial.

Achacar solo a la tecnología y aún más a la automatización la precarización de los empleos sería una afirmación poco objetiva puesto que factores como los económicos, políticos, geopolíticos, legales y sociales conforman y regulan los flujos de la oferta y la demanda y, por consiguiente, impactan en las cuentas de resultados de las empresas, los estados y particulares que buscan soluciones rápidas para asegurar la supervivencia de la organización y que, por ende, muy a menudo impactan en las condiciones salariales, en la seguridad del puesto, en su calidad y en otros factores incluidos en la definición de *precariedad laboral*.

La capacidad de negociación colectiva de los sindicatos difiere según el país en el que se contemple su actividad, incluso dentro de la propia UE[2]. Si consideramos que los sindicatos se crearon para representar a los trabajadores frente a los empresarios, negociar la obtención de derechos y defenderlos, y que gozaron de una fuerza de negociación tan grande que hasta paralizó incluso a países (como fue nuestro caso con la huelga de 1978 contra el paro en plena transición democrática, y otras más en 1985, 1988, etc., contra la reforma de las pensiones y el abaratamiento del despido), vemos que dicha capacidad se ha visto reducida —y no solo por la disminución del número de afiliados— a funciones básicas, como establecer los salarios dentro de unos parámetros definidos por el rendimiento, la productividad y otros elementos, frente al mundo empresarial, que exige una mayor flexibilidad, independientemente de la presencia de la IA, para seguir siendo competitivos en un mercado global agresivo.

Pregunta mejorada realizada a la inteligencia artificial

¿Cómo influirá la capacitación digital en los salarios y en las condiciones laborales de los trabajadores y qué competencias digitales serán más valoradas en los próximos años?

Respuesta obtenida de la inteligencia artificial

La capacitación digital influirá positivamente en los salarios y las condiciones laborales de los trabajadores al aumentar su empleabilidad y permitirles acceder a roles mejor remunerados y menos susceptibles de automatización. Los trabajadores con habilidades digitales avanzadas, como programación, análisis de datos, ciberseguridad y manejo de IA, serán especialmente valorados, ya que estas competencias estarán en alta demanda en sectores como tecnología, finanzas, salud y logística. Además, habilidades en plataformas digitales, marketing *online* y comercio electrónico serán clave para roles más accesibles. La capacitación continua también fomentará mayor estabilidad laboral, ya que permitirá a los trabajadores adaptarse a los cambios tecnológicos, aunque aquellos sin acceso a estas formaciones podrían enfrentarse a salarios más bajos y condiciones precarias debido a la creciente polarización del mercado laboral.

Comentario y valoración final

En esta ocasión, la IA opta por una visión positiva y generalista respecto al impacto de la capacitación digital en las condiciones laborales de los trabajadores, indicando las habilidades a fomentar, los sectores con mayor aplicación de las mismas y la capacitación y formación como elementos esenciales para alejar la precariedad en el empleo.

Si partimos de que la digitalización en el mundo del trabajo ha transformado las estructuras de las organizaciones empresariales y la utilización de la IA ha influido en dos tipos de escenarios, la automatización de los procesos rutinarios y repetitivos y lo que se conoce como *gestión algorítmica*, es acertado reconocer que para frenar la pérdida del volumen de empleos en sectores con funciones sustituidas por la automatización por ser de menor competencia, como las tareas administrativas, logísticas, etc., será necesario cambiar los modelos de trabajo y reforzar la capacitación digital de los empleados, porque la digitalización no solo se refiere a usar móviles u ordenadores, sino que implica que los Gobiernos y las instituciones públicas y privadas trabajen en políticas de aprendizaje permanente en competencias digitales desde la infancia para corregir el desequilibrio ya existente, que se incrementará exponencialmente por el exceso de fuerza laboral en determinados estamentos de la sociedad, provocando más precariedad laboral de la que se registra a nivel mundial.

Tal es la preocupación de nuestras instituciones. Por ejemplo, la Comisión Europea puso en marcha la Agenda de Capacidades Europea para la competitividad sostenible, la equidad social y la resiliencia[3], que en su inicio recoge dichas premisas:

«La mejor inversión en nuestro futuro es la inversión en nuestra gente. Las capacidades y la educación impulsan la competitividad y la innovación en Europa. Pero Europa aún no está plenamente preparada. Velaré por que utilicemos todos los instrumentos y fondos a nuestra disposición para restablecer este equilibrio».

Presidenta Von der Leyen

«Toda persona tiene derecho a una educación, una formación y un aprendizaje permanente inclusivos y de calidad a fin de mantener y adquirir capacidades que le permita participar plenamente en la sociedad y gestionar con éxito las transiciones en el mercado laboral».

Principio 1 del pilar europeo de derechos sociales

En concreto, uno de los objetivos de la Comisión Europea es que, para 2025, 230 millones de adultos tengan, al menos, competencias digitales básicas (70 % de la población adulta de la UE).

En nuestro caso, en 2020 se aprobó la Estrategia España Digital 2025, que se ha actualizado con la nueva Agenda España Digital 2026[4] ampliando las medidas y los ejes estratégicos, que son diez repartidos en tres partes: Infraestructuras y Tecnología, Economía y Personas.

Y en el apartado de Personas, recoge: «9. Competencias digitales. El reto para 2026 es reforzar las competencias digitales de la fuerza laboral y del conjunto de la ciudadanía, reduciendo las brechas digitales; completar la transformación digital de la educación; garantizar la formación en competencias digitales a lo largo de la vida laboral, y aumentar el porcentaje de especialistas digitales en la economía española consiguiendo una paridad de género en este colectivo».

4
Los cambios en los modelos de trabajo

Enunciado convencional de la pregunta

¿Cuál será el modelo productivo que demande
la economía digital?

Pregunta mejorada realizada a la inteligencia artificial

¿Qué características definitorias tendrá el modelo productivo que demandará la economía digital y cómo afectará a las estructuras organizacionales tradicionales?

Respuesta obtenida de la inteligencia artificial

El modelo productivo de la economía digital se definirá por la automatización, la hiperconectividad y la flexibilidad, priorizando la innovación tecnológica, la personalización masiva de productos y servicios y la sostenibilidad. Este modelo fomentará el uso intensivo de datos, IA y plataformas colaborativas, reduciendo los tiempos de producción y adaptándose rápidamente a las demandas del mercado. Como resultado, las estructuras organizacionales tradicionales se verán transformadas hacia modelos más planos, ágiles y descentralizados, con énfasis en equipos multidisciplinarios, teletrabajo y uso de tecnologías para la coordinación en tiempo real. Esto reducirá jerarquías rígidas y fomentará un entorno laboral más dinámico, pero también requerirá una redefinición de roles, liderazgo y gestión del talento para responder a los retos de la digitalización.

Comentario y valoración final

La respuesta de la IA nos ofrece una visión global pero corta sobre las características definitorias del modelo productivo en la era digital y sobre los cambios que provoca en las estructuras organizacionales tradicionales.

La transformación digital se estaba gestando suavemente hasta la aparición de la COVID-19, que puso de manifiesto los problemas de algunos países que tienen entre los principales pilares de su economía el turismo al depender de determinadas cadenas de suministros forzando la necesidad de fortalecer el tejido empresarial y la industria 4.0.

Durante la primera Revolución Industrial, iniciada en la segunda mitad del siglo XVIII en Inglaterra, con la aparición de la máquina a vapor por parte de James Watt, la agricultura se mecanizó y, con la aparición del ferrocarril y los barcos a vapor, las personas y mercancías podían desplazarse a grandes distancias.

Durante la segunda Revolución Industrial, que comenzó a mediados del siglo XIX y siguió hasta el inicio de la Primera Guerra Mundial, aparecieron nuevas tecnologías, como la electricidad, el petróleo o la radio, que cambiaron el modelo de producción (por ejemplo, Ford).

La tercera Revolución Industrial arrancó a mediados del siglo XX con la aparición de nuevas tecnologías de la información y comunicación, Internet y ordenadores y facilitó la automatización de las fábricas a la vez que permitió la adopción de nuevas fuentes de energía.

Finalmente, con la industria 4.0., se ha conseguido conectar el mundo físico con el digital, optimizando procesos dentro de la cadena de suministros y fabricación.

Todas estas nuevas tecnologías (Internet, uso de sistemas de planificación de recursos empresariales [ERP], aparición de los móviles, comercio electrónico, pagos *online*, *big data*, IoT, *cloud computing*, *blockchain*, etc.) han contribuido a una mejora constante de los modelos de producción de las empresas, cuyo principal objetivo es producir más a menor coste, sin olvidarnos de que deben incluir dentro de sus obligaciones empresariales y legales respaldadas por compromisos éticos y sociales a los trabajadores, ofreciéndoles formación adecuada para su readaptación al nuevo entorno productivo, todo ello con apoyo de las instituciones públicas, como los Fondos Next Generation UE[1].

Pregunta mejorada realizada a la inteligencia artificial

¿Qué competencias y habilidades deben adquirir tanto los jóvenes como los mayores de cincuenta años para mejorar su empleabilidad en la economía digital y qué políticas educativas y de formación deberían implementarse para facilitar su integración laboral?

Respuesta obtenida de la inteligencia artificial

Para mejorar su empleabilidad en la economía digital, los jóvenes deben adquirir competencias como programación, análisis de datos, ciberseguridad, marketing digital y diseño de experiencia de usuario, además de habilidades blandas, como adaptabilidad, creatividad y trabajo en equipo. Los mayores de cincuenta años, por su parte, deben enfocarse en competencias digitales básicas (uso de herramientas colaborativas, gestión de datos y plataformas digitales) y habilidades transferibles, como resolución de problemas, liderazgo y experiencia sectorial. Para facilitar su integración laboral, las políticas educativas y de formación deberían incluir programas de *reskilling* y *upskilling* accesibles, formación dual (teoría-práctica) en colaboración con empresas, subvenciones para cursos *online* y una educación continua basada en módulos cortos y personalizados. Además, es crucial promover la alfabetización digital desde etapas tempranas y crear incentivos para que las empresas contraten y capaciten a trabajadores mayores en roles adaptados a sus fortalezas.

Comentario y valoración final

La respuesta como tal formulada por la IA puede considerarse correcta, aunque muy genérica, a falta de ejemplos concretos que ayuden a los empleados preocupados por su proyección profesional ante tantos cambios tecnológicos a reaccionar con energía y resolución.

Respecto a los jóvenes, indica que se especialicen en programación cuando en la actualidad el fundador de Facebook, hoy en día META, ha declarado a mediados de enero de 2025 que «recortará un 5 % de su plantilla global y priorizará la optimización de equipos mientras se prepara para un 2025 lleno de retos tecnológicos» (*Libertad digital*, 15 de enero de 2025). Además, durante una entrevista en el pódcast Joe Rogan Experience, señaló que la automatización del desarrollo de *software* permitirá a los ingenieros humanos centrarse en proyectos más creativos e innovadores puesto que sus modelos de IA ya son capaces de escribir código con una eficiencia comparable a la de un ingeniero de nivel medio.

Este escenario que se replicará en otras grandes tecnológicas (Duolingo, Dropbox, etc.) provoca que nos preguntemos si es bueno, como indica la respuesta facilitada por la IA, que los jóvenes se dediquen a la programación y al análisis de datos si los algoritmos enseñados por los humanos les pueden reemplazar. ¿Marcarán las habilidades blandas el punto de inflexión en la balanza para permanecer en el mercado laboral?

Durante el Foro de Davos 2025, organizado por el WEF y que congrega a representantes de Gobiernos, organizaciones internacionales, mil empresas, medios de comunicación, etc., los mismos participantes han subrayado que «el desfase de habilidades» es hoy la principal barrera para que las empresas puedan lograr la transformación necesaria. El Foro de Davos explicó más en detalle: «Se espera un rápido incremento de la demanda de capacidades tecnológicas en IA, *big data* y ciberseguridad, pero las habilidades humanas, como el pensamiento creativo, la resiliencia, la flexibilidad y la agilidad, seguirán siendo capitales».

Otros datos más concretos facilitados por Forética basados en el Informe de Davos 2025[2].

A modo de resumen, para el reconocimiento de los derechos a un trabajo digno y la mejora de la empleabilidad, se necesita fomentar cursos *ad hoc* para asegurar la inclusión de los empleados de cualquier edad con aplicación práctica al mundo laboral, todo ello apoyado por políticas públicas de empleo (inversión, desgravaciones fiscales, subvenciones, etc.).

Enunciado convencional de la pregunta

¿Qué va a ocurrir con lo que se promueve desde la OIT en favor del trabajo decente en relación con el modelo productivo de la economía digital?

Pregunta mejorada realizada a la inteligencia artificial

¿Cómo se adaptarán las iniciativas promovidas por la OIT para el trabajo decente ante el surgimiento del nuevo modelo productivo de la economía digital y qué desafíos clave se anticipan en este proceso?

Respuesta obtenida de la inteligencia artificial

La OIT deberá adaptar sus iniciativas de trabajo decente para abordar los retos de la economía digital, especialmente en lo que respecta al trabajo en plataformas y la creciente automatización. Esto implica regular el trabajo en plataformas digitales para garantizar condiciones laborales justas, incluyendo acceso a seguridad social y protección frente a riesgos. Además, se requerirá actualizar las normativas sobre derechos laborales, ya que muchos trabajadores de la economía digital son considerados autónomos y carecen de beneficios tradicionales. Los desafíos clave incluyen la necesidad de garantizar la inclusión de estos trabajadores en sistemas de protección social y enfrentarse a las nuevas formas de explotación laboral que surgen con la digitalización.

Comentario y valoración final

La OIT[3], desde su fundación, está consagrada a la promoción de la justicia social, de los derechos humanos y laborales reconocidos internacionalmente, y su misión es fijar que la justicia social es esencial para la paz universal y permanente.

Entre las funciones de la OIT está analizar a nivel mundial los datos obtenidos a través de encuestas y, a partir de los resultados de una de ellas sobre las condiciones laborales de las/os trabajadoras/es que desarrollan su actividad a través de plataformas digitales, concluye remarcando que «la actual organización del trabajo masivo (*crowdwork*) no está proporcionando oportunidades de trabajo decente ni en Estados Unidos ni en ninguna parte»[4].

Por ello, la OIT y la UE, preocupadas por el impacto real de la digitalización del empleo, están tratando de asegurar el trabajo digno, entre otros, el ofrecido a través de las plataformas digitales como motor de la *gig economy*.

Según el Consejo Europeo, en la UE cerca de treinta millones de personas prestan servicios en las ellas, y hasta finales de 2024 se carecía de una regulación que buscase cierta uniformidad en la prestación de servicios mediante las plataformas digitales (web y aplicación móvil) para garantizar unas condiciones laborales concretas y una protección de los datos personales de los trabajadores; dicha situación se enmendó con la aprobación y publicación de la Directiva 2024/2831, del Parlamento Europeo y del Consejo, de 23 de octubre de 2024, que entró en vigor el 2 de diciembre de 2024 y cuyo plazo de transposición por parte de los Estados miembros vencerá el 2 de diciembre de 2026, teniendo en cuenta las obligaciones derivadas del ordenamiento jurídico-laboral interno de cada país.

Un ejemplo de ello es la demanda presentada por los repartidores contra GLOVO a finales de 2024, en la que se ha condenado a la empresa al alta de oficio en la Seguridad Social de los mismos y a su contratación como asalariados por decisión judicial por no acatar la ley Rider vigente desde el 2022.

BLOQUE 2
NECESIDADES DE LAS EMPRESAS

En un futuro cada vez más cercano, la IA dejará de ser una utopía de la ciencia ficción para transformarse en el corazón palpitante de la evolución empresarial. Este cambio vertiginoso ha arrastrado a las compañías de todos los sectores hacia una necesidad ineludible de adaptarse, enfrentándose a retos insólitos y descubriendo oportunidades que prometen un nuevo amanecer. En este torbellino de cambio acelerado, emergen historias de personajes cuya vida cotidiana se entrelaza con la tecnología, desafiando paradigmas y redefiniendo las reglas del juego: cómo trabajamos, cómo colaboramos y cómo creamos.

Clara es una ingeniera de datos que se encuentra en las entrañas de una empresa tecnológica que lucha contra las aguas de la obsolescencia. En ella residen el ímpetu y el ingenio de quienes ven en la innovación el camino a la supervivencia. Clara desarrolla un algoritmo revolucionario, una creación que optimiza procesos y reduce costes operativos, potencialmente capaz de cambiar el destino de la compañía. Pero su travesía está lejos de ser fácil. Los prejuicios de sus superiores, temerosos del cambio y desconfiados de su juventud, intentan ahogar su visión antes de que pueda respirar. Sin embargo, Clara es un espíritu indómito; su pasión se convierte en un faro que guía su determinación, imparable ante las barreras que se alzan.

A kilómetros de distancia, Javier ocupa el papel de un predicador contemporáneo, pero en lugar de sermones, su misión es convencer a las empresas tradicionales de la urgencia de abrazar la IA. En su día a día, Javier debate, argumenta, incluso suplica, exponiendo que la integración de estas tecnologías no es un lujo, sino la llave para acceder al futuro. Pero su lucha no es contra el tiempo, sino contra el miedo que paraliza, el temor a la automatización, el desconocimiento que mantiene a los empresarios en un limbo perpetuo. Su desafío es convertir el escepticismo en oportunidad, una tarea que exige más que argumentos; requiere fe en lo posible.

En contraste, Valeria, recién salida de las aulas con una especialización en aprendizaje automático, encuentra en una *startup* el ecosistema ideal para poner en práctica sus ideas. Este pequeño universo tecnológico, liderado por Alejandro, un CEO visionario, se dedica a diseñar asistentes virtuales que buscan revolucionar la productividad empresarial. Valeria pronto demuestra que es más que una promesa; su creatividad y su destreza técnica inyectan una chispa transformadora en los proyectos de la *startup*. Pero la innovación trae consigo competencia, y Valeria debe demostrar que su talento no solo es valioso, sino indispensable. Junto a Alejandro, sus esfuerzos dan vida a un asistente virtual que reconfigura el concepto mismo de eficiencia y colaboración.

En el corazón de una empresa de manufactura tradicional, Andrés se enfrenta a un desafío distinto. Como gerente de desarrollo de talento humano, su meta es preparar a los trabajadores para un futuro digitalizado, uno en el que la IA no es opcional, sino esencial. La resistencia al cambio y el escepticismo parecen formar parte del paisaje hasta que Andrés encuentra en Marta, una operaria de planta llena de entusiasmo por aprender, una inesperada aliada. Juntos diseñan un programa de capacitación que no solo busca integrar generaciones, sino transformar mentalidades. Lo que comienza como un esfuerzo por salvar la brecha entre tradición y modernidad se convierte en una estrategia para construir puentes que nunca antes se habían imaginado.

Estas historias convergen en el mayor evento tecnológico de la región: una conferencia internacional que reúne a mentes brillantes, empresas visionarias y apasionados del potencial de la IA. En este escenario, Clara finalmente encuentra el reconocimiento que merece al presentar su innovador algoritmo. Javier, tras días de persuasión y trabajo incansable, asegura un contrato que valida su evangelización tecnológica. Alejandro y Valeria revelan al mundo su asistente virtual, transformando el modo en el que las empresas administran recursos. Mientras tanto, Andrés y Marta demuestran cómo la capacitación puede romper barreras y unir generaciones, enviando un mensaje de esperanza y transformación.

Si estas historias fueran el guion de una película, su desenlace sería el canto esperanzador de un futuro en el que empresas e IA conviven en armonía. Clara se convierte en directora de innovación, liderando la próxima era de soluciones tecnológicas. Javier, inspirado por su interacción con Alejandro y Valeria, decide unir fuerzas y fundar una *startup* disruptiva. Andrés y Marta, tras su éxito conjunto, desarrollan un programa de mentoría que redefine las normas sobre cómo manejar el cambio cultural en el ámbito laboral.

Este relato ficticio lleva consigo un mensaje profundo y claro: aunque la tecnología tiene el poder de redibujar el panorama empresarial, el verdadero motor del éxito reside en la inagotable fuerza del talento humano, en la valentía de aprender constantemente y en la habilidad de adaptarse a lo que el mundo exige. Lejos de ser una amenaza que desplaza, la IA emerge como una herramienta diseñada para amplificar las capacidades de las personas, no para reemplazarlas. Su propósito es maximizar el impacto humano, abrir puertas que antes parecían selladas y plantear horizontes que, hasta hace poco, parecían inalcanzables. Pero estas nuevas posibilidades exigen un precio: solo las empresas que sean lo suficientemente audaces para transformarse, para dejar atrás viejos modelos, para cultivar una cultura basada en la innovación y la agilidad, serán las que conquisten el futuro.

El desafío real no se encuentra en los límites de la tecnología, que parecen expandirse más allá de lo imaginable, sino en la disposición y determinación de los líderes, los trabajadores y las organizaciones para abrazar estas herramientas y entretejerlas en el tejido de su cotidianidad. En este mundo que no espera a nadie, en el que la única constante es el cambio implacable, aquellas empresas que elijan invertir en el potencial de su gente, en incentivar la creatividad y en asumir riesgos calculados serán las que se posicionen como faros de progreso. Las demás, las que se resistan al cambio, las que se queden atrapadas en la comodidad de paradigmas obsoletos, estarán condenadas a desaparecer, engullidas por la marea arrolladora de la innovación y la feroz competencia de quienes supieron evolucionar.

Y tú, estimado lector o lectora, ¿dónde te sitúas en este punto de inflexión? ¿Formas parte de aquellos que transforman el mundo a través de la valentía y la visión, que ven en la IA una aliada para lograr lo imposible, o te encuentras del lado de quienes temen los cambios, paralizados por la incertidumbre del mañana, atrapados en el eco del «todavía no»? La respuesta no es trivial, pero sí definitiva: el momento de actuar es ahora, porque el futuro pertenece a quienes se atreven a construirlo.

5
Los nuevos perfiles laborales

Enunciado convencional de la pregunta

¿Qué roles surgirán en la intersección del talento digital con la economía verde y la transición energética?

Pregunta mejorada realizada a la inteligencia artificial

¿Cuáles serán los roles emergentes más demandados en la intersección entre el talento digital y la transición hacia una economía verde y qué habilidades serán clave para ocupar esos puestos?

Respuesta obtenida de la inteligencia artificial

Los roles emergentes en la intersección entre el talento digital y la transición hacia una economía verde incluyen a especialistas en la sostenibilidad digital, desarrolladores de *software* verde, analistas de datos ambientales e ingenieros en energías renovables y digitalización. Estos profesionales combinarán habilidades tecnológicas como IA, IoT y análisis de *big data* con conocimientos en sostenibilidad, buscando soluciones innovadoras para reducir la huella de carbono, mejorar la eficiencia energética y gestionar los recursos de manera más responsable. Las competencias clave serán el desarrollo de *software* enfocado en la sostenibilidad, la gestión de proyectos verdes, el conocimiento de normativas ambientales y la capacidad para integrar la sostenibilidad en el diseño de tecnologías.

Comentario y valoración final

Es una respuesta bien fundamentada, aunque podría profundizar más en las hipótesis de nuevos roles. Las competencias descritas son, en general, de alto nivel tecnológico, aunque no ahonda mucho en detalles, reiterando en cierta medida lo mencionado al principio. Vamos a desglosar la respuesta con mayor precisión.

En primer lugar, identifica roles específicos que resultan cruciales en la intersección del talento digital y la transición hacia una economía verde. Además, menciona tecnologías esenciales para enfrentarse a los desafíos ambientales y de sostenibilidad. Esta combinación de habilidades tecnológicas con conocimientos en sostenibilidad subraya la necesidad de soluciones innovadoras para reducir la huella de carbono, mejorar la eficiencia energética y gestionar los recursos naturales de manera responsable.

La respuesta también resalta las competencias pertinentes y refleja las habilidades necesarias para estos roles emergentes, ofreciendo una visión holística y equilibrada de la relación entre la digitalización y la economía verde, abarcando aspectos técnicos y de sostenibilidad.

En la confluencia del talento digital y la transición hacia una economía verde, claramente se vislumbran profesiones que demandan habilidades técnicas y una comprensión de los desafíos ambientales. Los analistas de datos ambientales, por ejemplo, interpretan vastas cantidades de información para guiar la toma de decisiones sostenibles. Junto a ellos, los ingenieros de *software* especializados en soluciones ecológicas diseñan aplicaciones que optimizan el uso de recursos y minimizan su impacto en el medioambiente. En España, las empresas afirman no disponer del talento necesario para aplicar sus planes ESG (*Environmental Social Governance*), según el Informe Green jobs: tendencias de negocio y empleo sostenible, de Manpower, de noviembre de 2023.

Asimismo, los expertos en ciberseguridad, con un enfoque en la protección de infraestructuras verdes, son esenciales para resguardar la integridad de sistemas que gestionan energías renovables y redes inteligentes. En este contexto, las habilidades clave se centran en la analítica de datos, la programación, la gestión de proyectos sostenibles y un sólido conocimiento de las normativas ambientales, vigentes y por llegar.

En este nuevo horizonte laboral, la fusión de la tecnología y la ecología no solo abre las puertas a profesiones innovadoras, sino que también invita a los profesionales a convertirse en agentes de cambio, donde cada byte de información y cada línea de código contribuyan a un planeta más saludable y resiliente.

Para cerrar este punto, te recomiendo esta lectura: Harvard Business Review (www.hbr.org). La distribución desigual de los impactos ambientales de la IA, de Shaolei Ren y Adam Wierman (15 de julio de 2024).

Pregunta mejorada realizada a la inteligencia artificial

¿Cómo contribuirá el talento digital al crecimiento del empleo en sectores como el *e-commerce* y el marketing digital y qué competencias digitales serán más valoradas para impulsar la competitividad de estos sectores?

Respuesta obtenida de la inteligencia artificial

El talento digital será clave para el crecimiento del empleo en sectores como el del *e-commerce* y el marketing digital, ya que los profesionales en estas áreas impulsarán la innovación, optimización de plataformas y personalización de servicios. En *e-commerce*, contribuirán al desarrollo de soluciones tecnológicas que mejoren la experiencia del cliente y la automatización de procesos. En marketing digital, serán esenciales para crear campañas efectivas, optimizar el uso de herramientas analíticas y gestionar la publicidad en plataformas digitales. Las competencias más valoradas incluyen gestión de plataformas de *e-commerce*, análisis de datos, SEO/SEM, automatización, IA y marketing de contenidos, además de habilidades en comercio móvil y experiencias omnicanal, que son cruciales para mantener la competitividad en estos sectores.

Comentario y valoración final

La respuesta aborda de manera adecuada la pregunta planteada. Proporciona una visión clara sobre cómo el talento digital contribuirá al crecimiento del empleo en el ámbito del *e-commerce* y el marketing digital, destacando competencias digitales esenciales como gestión de plataformas, análisis de datos, SEO/SEM, automatización, IA y marketing de contenidos. Estas habilidades serán clave para impulsar la innovación, optimizar plataformas y personalizar servicios.

La transformación digital es un tema crucial, especialmente para las pymes. Aunque se puede invertir en tecnología avanzada, si el equipo no cuenta con las habilidades necesarias, la inversión es en vano. La falta de formación adecuada puede llevar a la obsolescencia. Henry Ford lo expresó claramente: «Solo hay algo peor que formar a tus trabajadores y que se vayan: no formarlos y que se queden». Capacitar al equipo es una inversión rentable a largo plazo.

En España, la situación es preocupante. Según el informe del Índice de la Economía y la Sociedad Digitales (DESI), menos del 10 % de las pymes utilizan *big data* o IA y menos del 30 %, la nube. Las barreras que frenan la digitalización incluyen la ciberseguridad, los costes percibidos y, sobre todo, la falta de talento digital.

Es fundamental que las empresas inviertan en la formación continua de sus trabajadores para asegurar que estén actualizados con las últimas herramientas y tecnologías de IA. Esto no solo mejorará la eficiencia y la innovación, sino que también garantizará que la fuerza laboral esté preparada para enfrentarse a los desafíos del futuro.

El talento digital no es un lujo, sino una necesidad para el crecimiento y la competitividad en el mercado actual. Las empresas, especialmente las pymes, deben adoptar un enfoque proactivo hacia el desarrollo del talento digital para prosperar en la era digital. La inversión en formación especializada es crucial para el éxito a largo plazo, ya que la transformación digital requiere personal capacitado y preparado para utilizar las nuevas tecnologías de manera efectiva.

Pregunta mejorada realizada a la inteligencia artificial

¿De qué manera la capacitación digital se está posicionando como una habilidad clave en los nuevos perfiles laborales impulsados por la IA y qué tipo de formación será esencial para adaptarse a los cambios del mercado laboral?

Respuesta obtenida de la inteligencia artificial

La capacitación digital se está consolidando como una habilidad esencial en los perfiles laborales impulsados por la IA, ya que los trabajadores deben comprender y manejar tecnologías emergentes, desde la automatización hasta la gestión de datos y la aplicación de soluciones de IA. La formación clave para adaptarse a estos cambios incluirá el aprendizaje de lenguajes de programación como Python y R, análisis de datos, *machine learning* y conocimientos sobre ética de la IA y ciberseguridad. Además, se valorarán habilidades como resolución de problemas, pensamiento crítico y adaptabilidad, ya que el mercado laboral está en constante evolución. La formación continua será crucial para que los profesionales puedan integrarse eficazmente en este nuevo entorno tecnológico.

Comentario y valoración final

La respuesta está bien estructurada y aborda todos los aspectos clave de la pregunta. Es concisa y proporciona una visión clara de cómo la capacitación digital se está posicionando como una habilidad clave en los nuevos perfiles laborales impulsados por la IA (aunque no ahonda en su uso como herramienta de productividad), así como las áreas de formación esenciales para adaptarse a los cambios del mercado laboral.

La IA generativa está revolucionando el mercado laboral, lo que obliga a los trabajadores a adaptarse y adquirir nuevas habilidades digitales para mantenerse competitivos. La actualización de competencias es esencial no solo para aprovechar las oportunidades que ofrece la IA, sino también para mantener la relevancia en un entorno laboral en constante cambio. Casi tres cuartas partes de los trabajadores reconocen la importancia de la formación continua para su empleabilidad, lo que implica adoptar una mentalidad de aprendizaje a lo largo de la vida.

Las empresas tienen un papel crucial en la formación de sus empleados, implementando programas de mejora de habilidades (*upskilling*) que abarcan tanto habilidades técnicas como blandas. Las habilidades técnicas, como la programación y el análisis de datos, son fundamentales, pero las habilidades blandas, como el pensamiento crítico y la creatividad, también son altamente valoradas. Estas competencias complementan las capacidades tecnológicas y fomentan el trabajo en equipo y la colaboración.

El acceso a plataformas de aprendizaje en línea ha facilitado la adquisición de nuevas habilidades, permitiendo a los trabajadores aprender a su propio ritmo en áreas como IA y *big data*. Aplicar estas habilidades en proyectos reales es una forma efectiva de consolidarlas, sea dentro de la empresa para la que trabajan o a través de otros proyectos.

Para estar al tanto de las últimas tendencias en IA, los profesionales deben seguir publicaciones especializadas y participar en comunidades en línea para compartir conocimientos. El aprendizaje social fomenta una mayor comprensión y colaboración en torno a la IA generativa.

En definitiva, la adaptación a nuevas habilidades digitales es fundamental para que los trabajadores mantengan su relevancia en un mercado laboral impulsado por la IA. A través de la formación continua, el desarrollo de habilidades clave y la colaboración, los trabajadores pueden prepararse para enfrentarse a desafíos y aprovechar oportunidades en esta tecnología en auge.

Te sugiero esta lectura para cerrar este punto: *Una formación en IA más equitativa puede ayudar a resolver la escasez de talento*, de WEF (es.weforum.org).

6
El talento necesario

Enunciado convencional de la pregunta

¿Cómo impactará la evolución del mercado laboral en la temporalidad y cualificación de los empleos, especialmente en sectores con una alta rotación de personal?

Pregunta mejorada realizada a la inteligencia artificial

¿De qué manera afectará la evolución del mercado laboral a la temporalidad y cualificación de los empleos y cómo influirá esta tendencia en sectores con alta rotación de personal, como la hostelería o el comercio?

Respuesta obtenida de la inteligencia artificial

La evolución del mercado laboral, impulsada por la digitalización y la automatización, afectará a la temporalidad y cualificación de los empleos, especialmente en sectores con alta rotación, como la hostelería y el comercio. Aunque la temporalidad podría aumentar debido a la necesidad de flexibilidad, también se incrementarán los requisitos de cualificación, ya que los trabajadores deberán contar con habilidades digitales y de atención al cliente a través de plataformas digitales. La automatización de tareas repetitivas podría reducir la dependencia de personal temporal, pero al mismo tiempo las empresas necesitarán invertir en formación continua para mejorar la estabilidad laboral y adaptarse a los nuevos desafíos del mercado.

Comentario y valoración final

La respuesta se presenta como de alto nivel, sin profundizar en exceso, pero logrando un equilibrio al abordar aspectos clave de la evolución del mercado laboral. Esta valoración tiene en cuenta tanto los retos como las oportunidades que traen consigo la digitalización y la automatización, destacando varios puntos importantes. Menciona el aumento de la temporalidad debido a la necesidad de flexibilidad, lo que es coherente con las tendencias observadas en el mercado. Además, subraya que los requisitos de cualificación aumentarán, especialmente en habilidades digitales y de atención al cliente a través de plataformas digitales, reforzando la creciente importancia de competencias tecnológicas y de comunicación efectiva en el entorno laboral actual. Asimismo, indica que la automatización de tareas repetitivas podría reducir la necesidad de personal temporal para funciones básicas al mismo tiempo que se requiere personal más calificado. Además, destaca la necesidad de invertir en formación continua dado que, con el ritmo acelerado de los avances tecnológicos, las empresas deben asegurarse de que sus trabajadores estén actualizados y preparados para los nuevos desafíos, contribuyendo así a una menor rotación. Finalmente, aborda las repercusiones específicas de estas tendencias en sectores con alta rotación de personal, como la hostelería y el comercio, proporcionando una visión razonablemente realista de la situación.

La IA está transformando el mundo laboral con un gran impacto en la supresión, el aumento y la creación de empleos o en la aparición de plataformas digitales ofreciendo trabajo, que en la actualidad están siendo objeto de un mayor control por las autoridades al vulnerar varios derechos fundamentales. Algunos trabajos desaparecerán, pero surgirán otros nuevos en campos como el modelado de IA e inteligencia empresarial. La IA generativa valoriza empleos con alta interacción social, mientras que la mayoría de los directores ejecutivos reconocen la necesidad de nuevas competencias para aprovecharla plenamente. La IA puede aumentar la productividad global.

Desde la década de 1990, la contratación digital ha evolucionado, y la IA es ahora utilizada por más de un tercio de las grandes empresas para mejorar procesos de contratación, aunque plantea preocupaciones éticas. Herramientas como Brazen para el cribado de candidatos o Mya, que evalúa grandes cantidades de perfiles, ayudan en el proceso, pero el desafío ético de la minería de datos aún persiste.

La IA también puede mejorar la calidad del empleo, reduciendo tareas tediosas y aumentando la seguridad. Sin embargo, el temor a perder el empleo se extiende entre los trabajadores en países de la OCDE, donde un buen porcentaje de los empleadores ya usan IA.

El Reglamento 2024/1689 del Parlamento Europeo tratará de asegurar un uso ético de la IA, equilibrando innovación y protección. En esta revolución industrial, las empresas deben adaptarse a las normativas para evitar sanciones, garantizando una implementación ética, donde la innovación y la ética vayan de la mano.

Enunciado convencional de la pregunta

Ante los desafíos de atracción y retención, ¿qué estrategias serán cruciales para asegurar el talento laboral en sectores clave?

Pregunta mejorada realizada a la inteligencia artificial

¿Cuáles son las estrategias más efectivas para atraer y fidelizar talento en sectores críticos, como la tecnología y la sanidad, en medio de la creciente competencia por profesionales cualificados?

Respuesta obtenida de la inteligencia artificial

Para atraer y fidelizar talento en sectores críticos como la tecnología y la sanidad, las estrategias más efectivas incluyen ofrecer formación continua que permita a los profesionales actualizar y mejorar sus habilidades, así como proporcionar beneficios atractivos, como seguros de salud, planes de pensiones y opciones de trabajo flexible. Además, es crucial crear una cultura organizacional inclusiva y centrada en el bienestar, lo que puede mejorar la satisfacción y retención de los empleados. En el caso de la sanidad, es fundamental resaltar el propósito y la misión de la organización, dado que muchos profesionales buscan contribuir al bienestar colectivo. Estas estrategias ayudan a destacarse en un entorno de alta competencia por talento cualificado.

Comentario y valoración final

La respuesta es objetiva y cubre aspectos esenciales para atraer y retener talento en sectores críticos. Destaca la importancia de la formación continua y de beneficios atractivos, como seguros de salud, planes de pensiones y opciones de trabajo flexible. También menciona la necesidad de crear una cultura organizacional inclusiva y centrada en el bienestar para mejorar la satisfacción y retención de empleados. En sectores vocacionales, como la sanidad, se debe resaltar el propósito y la misión de la organización, motivando a los profesionales a contribuir al bienestar colectivo. Finalmente, subraya la alta competencia por talento cualificado, lo que requiere la implementación de estas estrategias.

La atracción y fidelización de talento son desafíos importantes. Además de contratar nuevos perfiles, es esencial reconocer al trabajador como valor clave y embajador de la empresa. Según un informe de InfoJobs, la falta de compromiso de los trabajadores es una de las principales causas de la alta rotación.

Para fortalecer el vínculo trabajador-empresa, son fundamentales el reconocimiento y las recompensas, las oportunidades de desarrollo profesional y una comunicación transparente. Revisar frecuentemente las necesidades de los colaboradores, mejorar la comunicación y potenciar la marca empleadora con nuevas formas de compensación son medidas clave.

El reclutamiento digital, impulsado por la IA, se ha consolidado como tendencia. Herramientas como chatbots y plataformas como LinkedIn son esenciales para encontrar el perfil adecuado, así como el posicionamiento en redes sociales, ya que proyectan la imagen de la empresa. Los candidatos ven a las compañías como productos, por lo que la diferenciación resulta necesaria. Integrar conceptos de marketing en la gestión del talento, como el *inbound recruiting* y el *candidate experience*, es esencial en el reclutamiento 4.0. Estrategias innovadoras y el uso de HR Analytics son clave para que los trabajadores sientan que están en el mejor lugar para desarrollarse profesionalmente.

Atraer y mantener talento en el mercado actual requiere un enfoque *charming* y estratégico. Crear una propuesta de valor para el empleado (PVE) no solo implica salarios, sino tejer una red de beneficios competitivos, cultivar una cultura inclusiva y ofrecer oportunidades de crecimiento profesional resonantes, donde:

- El proceso de selección sea ágil y preciso con la ayuda de tecnología.

- Se fomente un ambiente positivo e inclusivo.
- Se invierta en el desarrollo profesional de los trabajadores.
- El bienestar y la salud laboral sean prioridades.
- La transparencia y el *feedback* sean hilos que tejan relaciones fuertes.

Adoptar estas estrategias no solo atraerá talento, sino que creará un oasis donde las personas se sientan valoradas y comprometidas a largo plazo.

Para cerrar este punto con broche de oro no puedes dejar de leer este artículo de Michael Page: *Reinventando el reclutamiento: aprovechar la IA sin dejar de lado el factor humano* (www.michaelpage.es).

Pregunta mejorada realizada a la inteligencia artificial

¿Cómo influirá el sentido de pertenencia en la fidelización del talento a largo plazo y qué iniciativas deben implementar las empresas para construir una marca empleadora sólida que inspire lealtad y compromiso?

Respuesta obtenida de la inteligencia artificial

El sentido de pertenencia es crucial para la fidelización del talento a largo plazo, ya que cuando los empleados se sienten parte de una cultura organizacional compartida, es más probable que se comprometan y permanezcan en la empresa. Para construir una marca empleadora sólida que inspire lealtad y compromiso, las empresas deben fomentar una cultura inclusiva y participativa, promover el reconocimiento de logros, ofrecer oportunidades de desarrollo profesional y crecimiento y comunicar de manera transparente sus valores y su misión. Estas iniciativas refuerzan el sentido de pertenencia, fortalecen la lealtad y mejoran el compromiso de los empleados con la organización.

Comentario y valoración final

La respuesta aborda aspectos cruciales para fomentar el sentido de pertenencia y construir una marca empleadora sólida. Se reconoce que el sentido de pertenencia es fundamental para la fidelización del talento. Además, se sugiere fomentar una cultura inclusiva y participativa, promover el reconocimiento de logros y ofrecer oportunidades de desarrollo profesional y crecimiento. Además, subraya la importancia de comunicar de manera transparente los valores y la misión de la empresa. Estas estrategias ayudan a crear un ambiente positivo y comprometido, aumentando la lealtad y el compromiso de los trabajadores. En resumen, fomentar estas prácticas es esencial para retener talento y destacar en un mercado laboral competitivo.

La IA está revolucionando el *employer branding*, permitiendo a las empresas diseñar estrategias precisas para atraer y retener talento. Gracias al análisis de datos y al aprendizaje automático (ML), las organizaciones conocen mejor las características y preferencias de su público objetivo, refinando así sus campañas de marketing y comunicación. Este proceso no solo mejora la imagen de la empresa como empleador, sino que garantiza que los mensajes se alineen con los valores de los potenciales trabajadores, creando un vínculo genuino.

Además, la IA en estas plataformas agiliza los procesos y enriquece la experiencia del candidato. Herramientas como chatbots brindan asistencia inmediata, y sistemas de análisis de *feedback* permiten ajustes continuos. Esto dota a las empresas de herramientas que simplifican la gestión del talento, trascendiendo una mera tendencia tecnológica, sin olvidar que deben contar con una política de protección de datos transparente y clara, obteniendo el consentimiento de los candidatos y trabajadores para el uso de sus datos.

La IA emerge como un componente indispensable para organizaciones que desean sobresalir en un mercado laboral cada vez más competitivo y dinámico. Sin embargo, las entrevistas personales siguen siendo cruciales para obtener un verdadero sentimiento de los candidatos, superando desconfianzas que puedan surgir con las herramientas digitales.

Te dejo un interesante aporte de Jorge Lukowski, director global de Marketing y Comunicaciones de NEORIS: *Cómo las tecnologías pueden impulsar las estrategias de marca empleadora* (Forbes.com).

7
Desarrollo de carrera profesional

Enunciado convencional de la pregunta

¿Qué características definirán el catálogo de puestos en las empresas y cómo se alinearán con las necesidades de promoción y desarrollo profesional?

Pregunta mejorada realizada a la inteligencia artificial

¿Cuáles serán las principales características del catálogo de puestos en las empresas del futuro y cómo se alinearán con las necesidades de promoción interna y desarrollo profesional y la evolución tecnológica?

Respuesta obtenida de la inteligencia artificial

El catálogo de puestos en las empresas del futuro estará marcado por la flexibilidad, la especialización y la integración de habilidades tecnológicas. A medida que las organizaciones evolucionen, los puestos se adaptarán para reflejar un entorno de trabajo más dinámico en el que se priorizan roles híbridos que combinan competencias técnicas con habilidades interpersonales. Las empresas probablemente adoptarán estructuras más horizontales y ágiles, con un enfoque en la colaboración entre equipos multifuncionales y la capacidad de los empleados para asumir diversas responsabilidades a lo largo de su carrera.

Comentario y valoración final

La respuesta proporciona una visión clara y relevante sobre el catálogo de puestos en las empresas del futuro, alineándose con las necesidades de promoción y desarrollo profesional. Subraya la flexibilidad de los puestos para adaptarse a un entorno cambiante, permitiendo a las empresas responder rápidamente a nuevas demandas. La especialización se vuelve crucial con el avance tecnológico, requiriendo expertos en áreas específicas. La integración de habilidades tecnológicas es esencial en un mundo digitalizado, combinado con competencias interpersonales, para roles híbridos y versátiles. Menciona también la tendencia hacia estructuras horizontales y ágiles, mejorando la colaboración y eficiencia organizacional y facilitando la promoción interna y el desarrollo profesional.

El mercado laboral está siendo transformado por una revolución silenciosa impulsada por la tecnología, el clima y el cambio social. Según el Foro Económico Mundial, más de la mitad de nuestras tareas actuales serán abrazadas por la automatización, dando vida a casi cien millones de empleos nuevos en sectores emergentes. Veamos algunos:

- Especialista en IA y ML: artistas de los algoritmos, creando mundos donde los datos bailan para optimizar procesos y personalizar servicios. Para 2030, la IA podría añadir 15.7 billones de dólares a la economía global.

- Ingeniero en energías renovables: visionarios del verde, diseñando y supervisando proyectos de energía solar, eólica e hidráulica. Se pronostica un crecimiento del 35 % en este campo para 2030.

- Diseñador de entornos virtuales: arquitectos del metaverso, creando experiencias inmersivas que mezclan entretenimiento, educación y trabajo en plataformas como Minecraft y Roblox.

- Especialista en ciberseguridad: guardianes del ciberespacio, protegiendo datos con una capa de encriptación y análisis de riesgos. A lo largo de 2025, se esperan 3.5 millones de vacantes en este campo.

- Especialista en agricultura vertical: magos de la hidroponía, cultivando alimentos en espacios reducidos con técnicas innovadoras. El mercado alcanzará 15 000 millones de dólares para 2027.

- Terapeuta de desintoxicación digital: guías del equilibrio, ayudando a las personas a navegar entre el mundo *online* y *offline* para mantener la salud mental.

Por tanto, la IA ha creado un abanico de nuevas profesiones que no solo requieren conocimientos técnicos, sino también una visión creativa y estratégica para sacar el máximo provecho de las potencialidades ofrecidas por esta tecnología.

En este nuevo panorama laboral, la colaboración entre humanos y tecnología es inevitable. Aquellos que se adapten liderarán con éxito esta transición hacia una era de posibilidades infinitas.

Pregunta mejorada realizada a la inteligencia artificial

En un entorno laboral dominado por la IA, ¿qué peso tendrán las *soft skills* y las *power skills* en comparación con las *hard skills* para asegurar la promoción interna y la capacidad de adaptación a cambios constantes?

Respuesta obtenida de la inteligencia artificial

En un entorno laboral dominado por la IA, las *soft skills* y las *power skills* cobrarán un peso creciente frente a las *hard skills* para asegurar la promoción interna y la adaptación a los cambios constantes. Aunque las habilidades técnicas siguen siendo necesarias, la capacidad de comunicar eficazmente, pensar críticamente, adaptarse al cambio y liderar equipos se vuelve esencial en un contexto donde la automatización asume tareas repetitivas. Las *power skills*, como el liderazgo y la toma de decisiones estratégicas, serán claves para quienes busquen ascender en la organización. En este entorno, las habilidades interpersonales y de liderazgo no solo complementarán, sino que potenciarán el éxito y la capacidad de los empleados para avanzar en sus carreras y adaptarse a la transformación digital.

Comentario y valoración final

La respuesta ofrece una evaluación equilibrada y relevante sobre la importancia de las *soft skills* y las *power skills* en comparación con las *hard skills*. Reconoce que, aunque las *hard skills* siguen siendo necesarias, las *soft skills* y las *power skills* adquieren mayor relevancia en un contexto donde la automatización asume tareas repetitivas. La capacidad de comunicar eficazmente y pensar críticamente permite a los trabajadores abordar problemas complejos y colaborar de manera efectiva. Además, la adaptabilidad es crucial para ajustarse a nuevos desafíos y cambios en el entorno laboral, manteniendo la relevancia y competitividad. Las *power skills*, como el liderazgo y la toma de decisiones estratégicas, son claves para quienes buscan ascender en la organización. Las competencias interpersonales y de liderazgo no solo complementan, sino que potencian el éxito de los trabajadores.

En un entorno dominado por la IA, las *soft skills* y las *power skills* se convierten en hilos dorados que entrelazan el éxito profesional con la capacidad de adaptación. Mientras que las *hard skills* representan conocimientos técnicos y competencias específicas, indispensables para ejecutar tareas concretas, las *soft skills* y las *power skills* son esenciales para prosperar en medio de la vorágine tecnológica.

Las *soft skills*, como la empatía, la comunicación efectiva y el trabajo en equipo, son piedras angulares que sostienen relaciones laborales saludables y colaborativas. En un mundo donde la IA puede realizar cálculos complejos en milisegundos, la capacidad de conectar con otros y resolver conflictos humanos se vuelve inestimable.

Las *power skills*, como el pensamiento crítico, la resolución de problemas, la creatividad, la resiliencia y la inteligencia emocional (IE), actúan como faros en un mar de incertidumbre. Estas habilidades permiten a los individuos adaptarse a cambios constantes y encontrar soluciones innovadoras en entornos impredecibles. Mejoran la productividad, fortalecen el trabajo en equipo, aumentan la innovación y mejoran la cultura organizacional en general.

En cuanto a la carrera profesional y la promoción interna, las *soft skills* y las *power skills* destacan sobre las *hard skills*. En este nuevo paradigma laboral, la integración armoniosa de todas estas competencias es la llave maestra para un futuro laboral prometedor.

El Informe sobre el futuro del empleo 2025, basado en la perspectiva de más de mil empleadores globales, destaca que las macrotendencias, como el cambio tecnológico y la incertidumbre económica, transformarán el mercado laboral. Examina cómo estas tendencias afectan a empleos y habilidades y describe las estrategias de los empleadores para transformar la fuerza laboral entre 2025 y 2030.

En el informe, se destaca que las competencias necesarias hoy en día son similares a las de ediciones anteriores del mismo informe, como el pensamiento analítico, la resiliencia, la flexibilidad, la agilidad, el liderazgo y la influencia social. La adaptabilidad y la colaboración son esenciales junto con las habilidades cognitivas. Una fuerza laboral ágil, innovadora y colaborativa, con capacidad para resolver problemas y resiliencia personal, es clave para el éxito.

Enunciado convencional de la pregunta

¿Cómo evaluarán las empresas la capacidad de adaptación como una competencia crítica para el desarrollo y la promoción profesional en un mercado laboral en constante cambio?

Pregunta mejorada realizada a la inteligencia artificial

¿De qué manera las empresas medirán la capacidad de adaptación como una competencia clave para el desarrollo profesional en un mercado laboral en rápida evolución y qué herramientas utilizarán para valorarla en sus trabajadores?

Respuesta obtenida de la inteligencia artificial

Las empresas medirán la capacidad de adaptación como una competencia clave para el desarrollo profesional a través de evaluaciones de desempeño centradas en la flexibilidad y la habilidad para aprender nuevas habilidades. Utilizarán herramientas como *feedback* 360°, donde colegas y supervisores ofrecen su perspectiva sobre cómo un empleado maneja el cambio, y plataformas de gestión del talento para identificar a quienes buscan activamente oportunidades de aprendizaje. Además, se emplearán plataformas de aprendizaje en línea, evaluaciones de competencias y simulaciones de escenarios de cambio para valorar la disposición de los empleados a adaptarse a nuevas tecnologías y métodos. Las encuestas de compromiso también ayudarán a medir cómo los empleados responden a transformaciones organizacionales, y las plataformas de análisis de datos permitirán identificar patrones de adaptación, facilitando la toma de decisiones sobre el desarrollo profesional en un mercado laboral en constante evolución.

Comentario y valoración final

La adaptabilidad, vista como la capacidad de un trabajador para ajustarse rápidamente a cambios y nuevos desafíos, es crucial para navegar por esta transformación. Los trabajadores deben estar dispuestos a aprender nuevas competencias, adoptar tecnologías emergentes y adecuarse a situaciones inesperadas. Esta flexibilidad no solo mejora la resiliencia individual, sino que también aumenta la capacidad de las empresas para innovar y prosperar.

Las capacidades adaptativas según el AQ Test de Kaudal son esenciales para el éxito en el nuevo contexto laboral. Fomentar una cultura de aprendizaje continuo y adaptabilidad dentro de las organizaciones es vital. Aquellos que puedan equilibrar el desarrollo de habilidades técnicas con una mentalidad flexible estarán mejor preparados para aprovechar las oportunidades actuales y futuras.

¿Cómo evaluarán las empresas la capacidad de adaptación como una competencia crítica para el desarrollo y la promoción profesional en un mercado laboral en constante cambio? Las empresas medirán esta capacidad a través de evaluaciones de desempeño centradas en la flexibilidad y la habilidad para aprender nuevas habilidades. Utilizarán herramientas como *feedback* 360° y plataformas de gestión del talento para identificar a quienes buscan activamente oportunidades de aprendizaje. Además, se emplearán plataformas de aprendizaje en línea, evaluaciones de competencias y simulaciones de escenarios de cambio para valorar la disposición de los empleados a adaptarse a nuevas tecnologías y métodos. Las encuestas de compromiso también ayudarán a medir cómo los empleados responden a transformaciones organizacionales y las plataformas de análisis de datos permitirán identificar patrones de adaptación, facilitando la toma de decisiones sobre el desarrollo profesional en un mercado laboral en constante evolución.

La flexibilidad laboral es crucial en la era digital. IBM implementó el teletrabajo para mejorar la productividad y satisfacción laboral, mientras que HubSpot apuesta por un modelo de trabajo remoto, atrayendo y fidelizando talento, fomentando un entorno innovador. La comunicación clara y la confianza en la autonomía de los trabajadores son clave en estos modelos.

Medir la capacidad de adaptación es vital. Zappos evalúa esta habilidad en entrevistas, buscando candidatos flexibles y abiertos al cambio. 3M fomenta la adaptabilidad con programas de entrenamiento y retroalimentación continua. Herramientas digitales como MyCoID, de IBM, y FlexConnect, de Accenture, miden la flexibilidad laboral, recopilando datos sobre participación en proyectos y preferencias de trabajo remoto. Fomentar una cultura abierta al cambio y ofrecer formación continua son esenciales para mejorar la adaptabilidad de los equipos, siempre verificando la neutralidad y objetividad de los algoritmos utilizados.

8
El talento híbrido

Enunciado convencional de la pregunta

¿Qué rol desempeñarán los humanos digitales y los asistentes virtuales basados en IA en la transformación de los puestos de trabajo dentro de las empresas?

Pregunta mejorada realizada a la inteligencia artificial

¿Cómo contribuirán los humanos digitales y los asistentes virtuales basados en IA a la transformación de los puestos de trabajo dentro de las empresas y en qué sectores se verán mayores impactos?

Respuesta obtenida de la inteligencia artificial

Los humanos digitales y los asistentes virtuales basados en IA transformarán los puestos de trabajo al automatizar tareas repetitivas, mejorar la eficiencia y facilitar la interacción con clientes y empleados. Estos sistemas asumirán funciones como atención al cliente, gestión de datos y asistencia administrativa, lo que permitirá a los empleados centrarse en actividades más estratégicas y creativas. Los sectores que experimentarán mayores impactos incluyen Atención al cliente, donde los asistentes virtuales pueden ofrecer soporte 24/7; RR. HH., con la automatización de procesos de contratación y nóminas; Finanzas, con análisis de datos, y Comercio electrónico, al mejorar la experiencia del cliente mediante recomendaciones personalizadas. En todos estos casos, los humanos digitales reconfigurarán los roles laborales, permitiendo a los empleados concentrarse en tareas de mayor valor estratégico.

Comentario y valoración final

La respuesta menciona cómo los humanos digitales y los asistentes virtuales basados en IA pueden automatizar tareas repetitivas y mejorar la eficiencia, facilitando la interacción con clientes y colaboradores. Estos sistemas pueden asumir funciones como atención al cliente, gestión de datos y asistencia administrativa, permitiendo a los trabajadores enfocarse en actividades estratégicas. También destacan sectores clave, como Atención al cliente, RR. HH., Finanzas y Comercio electrónico, donde se espera que estos sistemas tengan un impacto significativo. Por último, subraya cómo liberan a los empleados para concentrarse en tareas de mayor valor estratégico, mejorando la experiencia del cliente y la eficiencia en la atención al colaborador.

En este nuevo mundo laboral, los humanos digitales surgen como una nueva clase de trabajadores, utilizando IA y robótica para desempeñar funciones empresariales. Caracterizados por hablar, escuchar y entender el lenguaje natural, mejoran continuamente con cada interacción. No debemos olvidar que los consumidores y usuarios de servicios han solicitado una mayor protección, reflejada en

España con la Ley de Servicios de Atención al Cliente 2024 y la Ley de Servicios Digitales. En Latinoamérica, puedes leer el artículo *Mirada a la protección legal de los consumidores en América Latina y el Caribe* (www.consumoyciudadanía.org). Los humanos digitales trabajan incansablemente, elevando la capacidad de las empresas para ofrecer servicios las 24 h del día, sin reemplazar a los humanos, sino complementando sus habilidades y permitiéndoles concentrarse en tareas más complejas y estratégicas.

Esta colaboración armoniosa aumenta la competitividad, crea nuevas oportunidades de empleo y mejora la economía y el bienestar social. Aunque los asistentes virtuales han mejorado la atención al cliente, aún queda mucho por recorrer, ya que la mayoría son guiados y limitan la interacción a preguntas y respuestas predefinidas. Es crucial implementar arquitecturas avanzadas de IA para asistentes más naturales y eficientes. Estudios de Harvard sugieren que podrían realizar tareas complejas como buscar documentos, cumplimentar formularios o traducir información. Mejorar las actuales arquitecturas con nuevas técnicas de IA potenciará la atención al cliente de manera más inteligente y eficaz.

Te recomiendo leer este interesante artículo de elEconomista. es: «Los "humanos digitales" se ganan la confianza de las tiendas *online*», de noviembre de 2024.

Pregunta mejorada realizada a la inteligencia artificial

¿De qué manera afectará la convivencia de talentos con diferentes niveles de habilidades digitales a la integración y la colaboración en la cultura organizacional y cómo pueden las empresas gestionar esta diversidad de competencias?

Respuesta obtenida de la inteligencia artificial

La convivencia de talentos con diferentes niveles de habilidades digitales puede afectar a la integración y colaboración en la cultura organizacional, ya que puede generar brechas en comunicación y eficiencia. Sin embargo, también ofrece oportunidades para el aprendizaje mutuo y la transferencia de conocimientos, enriqueciendo la cultura organizacional. Para gestionar esta diversidad de competencias, las empresas deben implementar programas de formación continua y mentoría donde los empleados más experimentados compartan sus conocimientos. Además, es crucial fomentar una cultura inclusiva que valore tanto las habilidades digitales como las interpersonales, utilizando herramientas de gestión de proyectos digitales para facilitar la colaboración efectiva entre empleados con diferentes niveles de competencia.

Comentario y valoración final

La respuesta tiene un enfoque optimista y ofrece recomendaciones generales, pero acertadas. Aborda los desafíos y oportunidades asociados a la convivencia de talentos con diversas habilidades digitales en la cultura organizacional. Vamos a revisar los puntos clave. Primero, identifica que las diferencias en habilidades digitales pueden generar brechas en la comunicación y eficiencia. No obstante, también menciona que la diversidad de competencias ofrece oportunidades para promover el aprendizaje mutuo y la transferencia de conocimientos, enriqueciendo así la cultura organizacional. Sugiere implementar programas de formación continua y mentoría para gestionar la diversidad de competencias, así como fomentar una cultura inclusiva que valore tanto las habilidades digitales como las interpersonales. Asimismo, sugiere utilizar herramientas de gestión de proyectos digitales para facilitar la colaboración efectiva entre trabajadores con diferentes niveles de competencia.

En la última década, la discusión sobre la edad de jubilación se ha intensificado. Mientras la expectativa de vida aumenta, la transformación digital y los cambios constantes en las organizaciones preocupan al mercado laboral. Muchas empresas creen que para prosperar necesitan talento joven, desvinculando a las personas mayores de cincuenta años. Esta errónea creencia presupone que un numeroso grupo de la sociedad no pueda adaptarse rápidamente a los procesos de digitalización.

Sin embargo, esta tendencia conduce a procesos de digitalización confusos e ineficientes. La tecnología debe ser vista como un facilitador para solucionar problemas, y para ello se necesita el conocimiento profundo y la experiencia que el talento maduro aporta. Estos profesionales tienen un rol crucial en la transmisión de conocimientos y experiencia a los jóvenes (*mentoring*), cerrando la brecha entre talento e implementación tecnológica.

Un colaborador experimentado es un líder facilitador del cambio. Aunque los equipos técnicos suelen ser jóvenes, es esencial que cuenten con el apoyo de expertos, independientemente de su edad.

Implementar una cultura que integre herramientas digitales, promueva la comunicación abierta y respete la diversidad es imperativo para atraer y retener a este valioso segmento.

Las organizaciones que inviertan en una cultura digital y centrada en las personas no solo se posicionarán favorablemente en el mercado, sino que también construirán un futuro más sostenible. Con un equipo diverso y motivado, la innovación y el crecimiento a largo plazo estarán asegurados.

Enunciado convencional de la pregunta

¿Cuáles serán los principales factores que determinarán la adopción y valoración del trabajo nómada digital y cuáles serán en la integración de asistentes virtuales en las empresas?

Pregunta mejorada realizada a la inteligencia artificial

¿Qué factores clave impulsarán la adopción del trabajo nómada digital y la integración de asistentes virtuales basados en IA dentro de las empresas y cómo cambiarán estos modelos de trabajo la estructura organizacional?

Respuesta obtenida de la inteligencia artificial

La adopción del trabajo nómada digital y la integración de asistentes virtuales basados en IA estarán impulsadas por factores como la flexibilidad laboral, la globalización y los avances tecnológicos. El trabajo desde cualquier lugar, junto con la automatización de tareas por la IA, permitirá a las empresas acceder a un talento global y mejorar la eficiencia operativa. Estos cambios transformarán la estructura organizacional hacia un modelo más ágil y descentralizado donde se priorizan la colaboración digital y la autonomía de los empleados. La gestión por objetivos reemplazará la supervisión tradicional, favoreciendo una mayor flexibilidad y adaptabilidad, enfocándose en resultados en lugar de en la presencia física.

Comentario y valoración final

La respuesta es adecuada, aunque adolece de cierta superficialidad en lo que respecta al trabajo remoto e híbrido. Refleja correctamente los factores que impulsarán la adopción del trabajo nómada digital y la integración de asistentes virtuales, así como su impacto en las estructuras organizacionales. Analicemos los puntos clave con mayor detalle.

Se mencionan factores como la flexibilidad laboral, la globalización y los avances tecnológicos, que son impulsores fundamentales para la adopción del trabajo nómada digital y la integración de la IA. Además, se destaca la capacidad de las empresas para acceder a un talento global y mejorar la eficiencia operativa. La posibilidad de trabajar desde cualquier lugar constituye un beneficio significativo para atraer y retener talento diverso.

Estos cambios conducirán a una estructura organizacional más ágil y descentralizada, reflejando la evolución hacia modelos de trabajo más flexibles y adaptativos. También se menciona la priorización de la colaboración digital y la autonomía de los colaboradores, en consonancia con las tendencias actuales en la gestión organizacional. Finalmente, se aborda cómo la gestión por objetivos reemplazará la supervisión tradicional, centrándose en los resultados en lugar de en la presencia física, destacándose la transición hacia una mayor flexibilidad y adaptabilidad en el entorno laboral.

En un mundo digital, los nómadas digitales combinan viajes y carreras en línea. Buscan eficiencia y productividad mientras exploran nuevos idiomas y culturas. No obstante, elegir el destino ideal sigue siendo un desafío.

Identificar un lugar con un entorno de trabajo favorable, con una conexión a Internet rápida y estable, alojamiento asequible y una comunidad afín es crucial. Los nómadas digitales confían en las redes sociales y en el contenido generado por usuarios para explorar potenciales destinos. Plataformas como Instagram, Facebook, Reddit, YouTube y TikTok son vitales para compartir experiencias y recomendaciones.

Los asistentes virtuales de IA son esenciales tanto en el trabajo como en la vida personal. Sin embargo, no todos son iguales; varían en características y capacidades.

La autenticidad es importante para los viajeros digitales que desean conectarse con comunidades locales. Elegir un destino adecuado es esencial para que los nómadas digitales puedan mantener su estilo de vida productivo y gratificante, formando una red global de conocimientos y experiencias compartidos.

BLOQUE 3
FORMACIÓN Y COMPETENCIAS

En este bloque se escrutan cinco bloques de preguntas básicas en lo relativo a formación en su conjunto, qué papel tendrá la formación profesional, de qué forma se puede apoyar en el futuro a los desempleados, cuáles deben ser los conocimientos y las competencias clave requeridos y un último apartado sobre vocación laboral.

Las competencias digitales serán imprescindibles en casi todos los sectores, desde el manejo de herramientas básicas de ofimática hasta la capacidad de trabajar con datos, IA y tecnologías emergentes como el *blockchain*. Los trabajadores necesitarán un conjunto sólido de habilidades tecnológicas. Las competencias en ciberseguridad también serán cruciales, dado el creciente riesgo de ciberataques.

A pesar de la creciente automatización y la IA, las habilidades blandas (*soft skills*) seguirán siendo vitales. La capacidad de comunicación, la empatía, el trabajo en equipo, la creatividad y el pensamiento crítico son habilidades que las máquinas no pueden replicar completamente. Estas competencias permitirán a los trabajadores colaborar de manera efectiva y adaptarse a diversos entornos laborales.

En un entorno de trabajo en constante cambio, la adaptabilidad y la agilidad serán competencias clave. Los trabajadores deben estar preparados para asumir nuevos roles y responsabilidades, aprender nuevas tecnologías y adaptarse a cambios organizativos. La mentalidad de crecimiento, que implica ver los desafíos como oportunidades de aprendizaje, será fundamental.

En cuanto a las competencias transversales, aquellas que son aplicables en múltiples contextos y disciplinas, serán cada vez más importantes. La gestión de proyectos, la capacidad de análisis de datos y la comprensión de los principios de diseño serán valiosas en diversos roles y sectores.

La formación personalizada y flexible será una tendencia creciente. Los trabajadores buscarán programas de formación que se adapten a sus necesidades individuales y horarios. Las plataformas de aprendizaje en línea y las microcredenciales permitirán a los trabajadores adquirir habilidades específicas en cortos períodos de tiempo y desde cualquier lugar.

Con el aumento de la conciencia sobre la sostenibilidad y el cambio climático, las competencias relacionadas con la sostenibilidad serán cada vez más relevantes. Los trabajadores necesitarán conocimientos sobre prácticas sostenibles y la capacidad de implementar soluciones ecológicas en sus roles.

La colaboración entre el sector educativo, las empresas y los Gobiernos será crucial para preparar a la fuerza laboral del futuro. Las alianzas estratégicas y los programas de formación conjuntos ayudarán a garantizar que la oferta educativa esté alineada con las demandas del mercado laboral.

La colaboración público-privada, clave para impulsar la formación para el empleo

Como hemos dicho anteriormente, la colaboración entre el sector público y el privado surge como una estrategia esencial para lograr este objetivo, combinando recursos, conocimientos y esfuerzos en una alianza estratégica que beneficia tanto a individuos como a las economías locales. La formación para el empleo requiere unir fuerzas para superar barreras estructurales, pero la gran conectividad disponible a lo largo de nuestra geografía facilita el acceso a oportunidades educativas, especialmente en zonas rurales o en colectivos vulnerables. Es en este punto donde la colaboración público-privada tiene un papel crucial, creando programas que aprovechan la capacidad del sector privado en innovación y tecnología, junto con la infraestructura y el alcance del sector público.

El sector privado, al estar más cerca de las necesidades del mercado, puede identificar habilidades en demanda; por su parte, las instituciones públicas aportarán legitimidad y recursos financieros, asegurando que los programas sean accesibles para una población más amplia.

Un buen ejemplo son los sistemas de aprendizaje dual, o *formación dual*, como se conoce popularmente, donde los estudiantes combinan formación teórica en instituciones educativas con experiencia real en empresas para conocer el trabajo desde dentro. Esta modalidad, muy extendida en países como Alemania, ha demostrado ser eficaz para reducir el desempleo juvenil y aumentar la productividad. Asimismo, los fondos europeos destinados al desarrollo de competencias y formación han permitido financiar iniciativas público-privadas en España, como la digitalización de programas educativos y el diseño de cursos de capacitación en tecnologías emergentes como la IA y el *big data*.

Por el contrario, la falta de alineación entre los objetivos públicos y privados puede dificultar la implementación de programas efectivos, siendo imprescindible que esta colaboración evolucione hacia modelos más integrados y sostenibles, con mecanismos de evaluación transparentes y el fortalecimiento de alianzas a largo plazo. Solo así se podrá construir una fuerza laboral preparada para afrontar los retos del futuro.

La colaboración público-privada en la formación para el empleo no solo es una herramienta poderosa para enfrentarse al desempleo y mejorar la competitividad, sino también un motor clave para el desarrollo económico y social. Es una oportunidad para construir puentes entre sectores, impulsar la innovación y transformar la manera en la que las personas adquieren las habilidades necesarias para prosperar en un mundo cambiante.

El papel de las comisiones paritarias sectoriales en la formación para el empleo

Es evidente que, aunque parezcan desde fuera muy discrepantes las posiciones de empresarios y sindicatos, en el tema de la formación para el empleo el consenso es total. A ello contribuyen de forma destacada en el complejo ecosistema de la formación para el empleo las comisiones paritarias sectoriales (CPS), que tienen un papel clave como garantes de la calidad y la pertinencia de los programas educativos. Estas entidades actúan como puentes entre las necesidades reales del mercado laboral y las estrategias formativas, asegurando que los profesionales estén debidamente capacitados y preparados para los desafíos del presente y el futuro.

Las CPS están compuestas por representantes de los principales agentes sociales de cada sector, constituidas por empresarios y sindicatos, con la misión principal de identificar las competencias y habilidades necesarias para responder a las demandas de los sectores productivos. Esto incluye tanto el análisis de tendencias emergentes como la actualización de los estándares formativos para adaptarlos a un mercado laboral en constante evolución.

Además de definir los estándares formativos, estas comisiones son responsables de evaluar y certificar la calidad de los programas educativos, conociendo la formación en el trabajo que se realiza en cada sector, y fijar los criterios y prioridades generales de la oferta formativa, participando, a su vez, en actividades relativas a estudios, investigación sectorial o aportaciones y propuestas relacionadas con el Sistema Nacional de Cualificaciones y Formación Profesional y los Centros de Referencia Nacional, realizando anualmente una memoria que recoja estas actividades. Se incluyen entre sus cometidos desde la creación de contenidos hasta la revisión de metodologías de enseñanza, y su labor asegura que la formación para el empleo cumpla los niveles de excelencia requeridos. Este enfoque no solo beneficia a los profesionales, quienes adquieren competencias relevantes, sino también a las empresas, que pueden contar con trabajadores mejor cualificados.

Especial atención se presta a las competencias digitales, donde la tecnología y la globalización están transformando los sectores productivos, promoviendo la innovación y la especialización. A través de sus recomendaciones, se desarrollan programas que incorporan avances como la IA, el *big data* o la sostenibilidad, dotando a los trabajadores de capacitaciones clave para mejorar su empleabilidad actual y futura y, por ende, la competitividad.

La rápida evolución de las tecnologías y la diversidad de sectores pueden dificultar la identificación de necesidades específicas y su implementación en los programas formativos; por ello es fundamental que las CPS trabajen de manera coordinada con instituciones educativas y Administraciones públicas para garantizar un impacto real. Las CPS son un catalizador del cambio; su labor no solo beneficia a los trabajadores y las empresas, sino también a la sociedad en general, promoviendo un desarrollo económico sostenible y equitativo.

9
Formación y competencias básicas

Enunciado convencional de la pregunta

De cara a mejorar la empleabilidad de los jóvenes, ¿qué nuevas materias y competencias se deben introducir en los programas escolares, los grados universitarios y los ciclos de formación profesional?

Pregunta mejorada realizada a la inteligencia artificial

¿Qué materias y competencias digitales, como el pensamiento computacional y la IA, deben ser incluidas en los programas escolares, universitarios y de formación profesional para mejorar la empleabilidad de los jóvenes en la economía digital?

Respuesta obtenida de la inteligencia artificial

Para mejorar la empleabilidad de los jóvenes en la economía digital, es fundamental incluir en los programas escolares, universitarios y de formación profesional materias y competencias digitales clave como el pensamiento computacional, que fomenta la resolución de problemas y la lógica detrás de los algoritmos y sistemas tecnológicos. También se deben integrar IA, *machine learning* y análisis de datos, ya que son habilidades esenciales para trabajar con las tecnologías emergentes que transforman el mercado laboral. Además, es crucial enseñar ciberseguridad para que los jóvenes comprendan la importancia de proteger la información en un mundo digitalizado. Las habilidades de programación en lenguajes como Python, JavaScript o R, junto con el desarrollo de aplicaciones y *software*, serán vitales para aquellos interesados en el sector tecnológico. Asimismo, las habilidades de colaboración digital y gestión de proyectos también deben ser incluidas para garantizar que los jóvenes puedan trabajar eficazmente en equipos virtuales y en entornos digitales. Incluir estas competencias permitirá a los jóvenes adaptarse rápidamente a las demandas de la economía digital, mejorando significativamente su empleabilidad.

Comentario y valoración final

En el aspecto formativo, la IA incide en que, en el enunciado de la pregunta, esta influye fundamentalmente en la respuesta. Apunta también la IA a adquirir competencias en tecnologías como *machine learning* y análisis de datos, ya que son competencias clave para trabajar con tecnologías emergentes que transforman el mercado laboral. Además, incide en la importancia de estudiar ciberseguridad por el valor intrínseco de la importancia de proteger la información en un mundo digitalizado, pero olvida la IA que faltan expertos a nivel mundial en el mundo de la ciberseguridad y que es una habilidad digital donde no solo no existe paro, sino que es una especialidad que está muy bien retribuida y por tanto formarse en ciberseguridad garantiza la empleabilidad inmediata. Finalmente la IA recomienda habilidades de programación en lenguajes como Python, JavaScript o R, junto con el desarrollo de aplicaciones y *software*, vitales para aquellos interesados en encontrar empleo en el sector tecnológico.

Es necesario que los futuros planes formativos en la edad escolar recojan parte de estas herramientas tecnológicas y no solo el manejo de ordenadores. Por tanto, para que sea eficaz, debemos integrar la IA y programación en el currículo escolar introduciendo cursos específicos sobre IA y programación desde temprana edad e incorporar conceptos de IA y programación en otras asignaturas, como Matemáticas y Ciencias. Sería también conveniente utilizar plataformas educativas como Code.org, Khan Academy y Scratch, que ofrecen cursos interactivos y accesibles sobre programación e IA y utilizar kits de robótica como LEGO MINDSTORMS o Raspberry Pi para enseñar programación de una manera práctica y divertida.

Es importante crear clubes escolares de programación donde los estudiantes puedan aprender y practicar en un entorno colaborativo y crear competiciones y *hackathons* para motivar a los estudiantes y proporcionarles experiencias prácticas.

Pregunta mejorada realizada a la inteligencia artificial

¿Qué reformas estructurales deben implementarse en los sistemas educativos para alinearlos con las demandas del mercado laboral impulsado por la automatización y la transformación digital? ¿Será importante incluir asignaturas como la IE?

Respuesta obtenida de la inteligencia artificial

Para alinear los sistemas educativos con las demandas del mercado laboral impulsado por la automatización y la transformación digital, es fundamental actualizar los currículos para incluir habilidades digitales clave como programación, IA, análisis de datos y ciberseguridad, así como fomentar el pensamiento computacional. Además, se deben incorporar competencias interpersonales como la IE, que permitirá a los estudiantes gestionar el estrés, trabajar en entornos colaborativos y adaptarse a los cambios rápidos. Los sistemas educativos también deben promover el aprendizaje práctico mediante proyectos reales y prácticas profesionales y fomentar habilidades de creatividad, resolución de problemas e innovación, esenciales para adaptarse a un entorno digital en constante evolución.

Comentario y valoración final

Se trata de una buena respuesta que explora un cierto detalle del cómo debería procederse al cambio del sistema formativo desde la base. El hecho de que de manera positiva la IA incida en la necesidad de incorporar IE abre las puertas a incluir las denominadas *soft skills* como elementos básicos para el futuro. La IE se refiere a la capacidad de una persona para reconocer, comprender y gestionar sus propias emociones, así como para reconocer, comprender e influir en las emociones de los demás. Esta habilidad incluye componentes como la empatía, la autorregulación, la motivación, la autoconciencia y las habilidades sociales. En el futuro, el mercado laboral valorará cada vez más las habilidades emocionales junto con las competencias técnicas. Las empresas buscarán a empleados que no solo sean expertos en su campo, sino que también sean capaces de trabajar en equipo, gestionar el estrés, adaptarse a cambios y comunicar efectivamente. La IE ayudará a los jóvenes a destacarse en estos aspectos y a construir relaciones laborales saludables y productivas.

La IE no solo es relevante en el ámbito laboral, sino también en el académico, puesto que los estudiantes con alta IE tienden a manejar mejor el estrés académico, tienen una mayor capacidad de concentración y desarrollan mejores relaciones con sus compañeros y profesores. Esto puede traducirse en un mejor rendimiento académico y una experiencia educativa más enriquecedora.

La IE fomenta un ambiente donde la innovación y la creatividad pueden florecer. La capacidad de comprender y gestionar emociones facilita la toma de riesgos calculados y la exploración de nuevas ideas. Los jóvenes con alta IE estarán mejor equipados para manejar el estrés, la ansiedad y otros desafíos emocionales, lo que resultará en una mejor salud mental a largo plazo.

Fomentar la IE desde una edad temprana ayudará a los jóvenes a desarrollar las competencias necesarias para tener éxito en todos los aspectos de sus vidas.

Pregunta mejorada realizada a la inteligencia artificial

¿Qué estrategias, tecnologías y habilidades digitales serán exigidas por las empresas en los próximos años para hacer frente a la creciente automatización y transformación digital?

Respuesta obtenida de la inteligencia artificial

En los próximos años, las empresas exigirán estrategias centradas en la adaptación ágil a los avances tecnológicos y la innovación continua, integrando tecnologías como la IA, *machine learning*, automatización de procesos robóticos (RPA) y *blockchain* para mejorar la eficiencia y la toma de decisiones. Las habilidades digitales demandadas incluirán conocimientos en análisis de datos, *big data* y ciberseguridad para proteger la información en un entorno cada vez más digitalizado. Además, se valorarán competencias en desarrollo de *software*, programación y gestión de proyectos digitales, así como habilidades interpersonales como la adaptabilidad, el pensamiento crítico y la colaboración remota, esenciales para navegar en un mercado laboral automatizado y en constante transformación.

Comentario y valoración final

Da una respuesta un poco tipo amalgama de tecnologías, pero nada que profundice en las estrategias de empresa. Una estrategia digital integral definida desde la empresa debería contar con algunos componentes clave que incluyen definir un *roadmap* tecnológico para crear un plan detallado que incluya las etapas de implementación, los recursos necesarios y los plazos. Es importante la priorización de proyectos, identificando y priorizando los proyectos tecnológicos que tendrán el mayor impacto en el negocio, y sobre todo aplicar la cultura de innovación que incida y fomente una cultura empresarial que apoye la adopción de nuevas tecnologías y la experimentación.

La formación continua es esencial para asegurar que los empleados puedan utilizar eficazmente las nuevas tecnologías. Las empresas deben implementar programas de capacitación específicos para desarrollar las competencias necesarias, fomentar una cultura de aprendizaje continuo y proporcionar acceso a recursos educativos y certificaciones.

Colaborar con expertos y empresas especializadas puede acelerar la adopción de soluciones tecnológicas. Por ello las empresas deben establecer alianzas con proveedores de tecnología para acceder a conocimientos especializados y soporte técnico. Es importante la participación en ecosistemas de innovación para compartir experiencias y mejores prácticas y trabajar con consultores especializados para guiar el proceso de implementación y optimización.

Adoptar un enfoque incremental para la implementación de nuevas tecnologías permite gestionar mejor los riesgos y ajustar el enfoque según sea necesario, iniciando proyectos piloto para probar la tecnología en un entorno controlado y evaluar su impacto y escalar gradualmente la implementación a otras áreas de la empresa. Se hace imprescindible incluir indicadores de desempeño (KPI): definir y seguir KPI relevantes para medir el impacto de la tecnología, utilizar herramientas de análisis para obtener *insights* y tomar decisiones basadas en la evaluación.

10
Formación profesional

Pregunta mejorada realizada a la inteligencia artificial

¿Cómo debe evolucionar la formación profesional para adaptarse a los avances tecnológicos y garantizar que los estudiantes adquieran competencias de alto nivel en áreas como la robótica, el análisis de datos y la ciberseguridad?

Respuesta obtenida de la inteligencia artificial

La formación profesional debe evolucionar hacia un enfoque dinámico y flexible, adaptándose a los avances tecnológicos mediante la actualización constante de programas que integren áreas como la robótica, el análisis de datos y la ciberseguridad. Es fundamental establecer colaboraciones con la industria para ofrecer formación práctica a través de proyectos reales y prácticas profesionales utilizando simuladores y entornos virtuales. Además, la personalización del aprendizaje y el fomento del aprendizaje continuo permitirán a los estudiantes desarrollar habilidades tanto técnicas como blandas, como el pensamiento crítico y la resolución de problemas complejos, asegurando que estén preparados para los retos de la economía digital y la automatización.

Comentario y valoración final

La IA nos ofrece una respuesta clásica ligada a la formación profesional, pero se olvida profundizar en que los programas de formación profesional deben actualizarse continuamente para incluir las últimas tecnologías y tendencias. Esto puede implicar la inclusión de módulos específicos sobre robótica, análisis de datos y ciberseguridad. También es importante proveer a los estudiantes de acceso a laboratorios equipados con las últimas tecnologías en robótica, *software* de análisis de datos y herramientas de ciberseguridad. Esto permitirá una formación práctica y directa con las herramientas que utilizarán en el mundo laboral.

Es importante potenciar la colaboración y el establecimiento de alianzas con empresas tecnológicas para desarrollar programas de formación que estén alineados con las necesidades del mercado laboral. Estas alianzas pueden incluir programas de prácticas, mentoría y la inclusión de profesionales de la industria como profesores y mentores para proporcionar a los estudiantes perspectivas reales y conocimientos prácticos.

El enfoque en el aprendizaje debe estar basado en proyectos prácticos y casos de estudio reales para que los estudiantes puedan aplicar sus conocimientos teóricos en situaciones prácticas y organizar competencias y *hackathons* donde los estudiantes puedan trabajar en soluciones tecnológicas innovadoras y enfrentarse a desafíos del mundo real.

El creciente interés por las microcredenciales y certificaciones en áreas específicas como robótica, análisis de datos y ciberseguridad permitirá a los estudiantes y profesionales actualizar sus habilidades de manera continua y a corto plazo mediante la utilización de plataformas de aprendizaje *online* para ofrecer cursos flexibles y accesibles. Estas plataformas pueden facilitar el aprendizaje autónomo y a su propio ritmo.

Pregunta mejorada realizada a la inteligencia artificial

¿Qué estrategias de formación y reinserción laboral deben implementarse para apoyar a los desempleados en sectores impactados por la automatización y los cambios tecnológicos?

Respuesta obtenida de la inteligencia artificial

Para apoyar a los desempleados en sectores impactados por la automatización y los cambios tecnológicos, se deben implementar estrategias de recapacitación que ofrezcan formación en habilidades digitales clave, como programación, análisis de datos y ciberseguridad, adaptadas a las necesidades del mercado. Estos programas deben ser flexibles y prácticos, combinando microcredenciales y certificaciones que validen las competencias adquiridas y fomentando prácticas profesionales y mentoría mediante colaboraciones con empresas. Además, es crucial desarrollar habilidades blandas, como la adaptabilidad y la resolución de problemas, y proporcionar orientación laboral y apoyo emocional para ayudar a los desempleados a superar barreras psicológicas y facilitar su reintegración efectiva en el mercado laboral.

Comentario y valoración final

Se comienzan a repetir los patrones de las respuestas. Resulta todo muy similar a lo visto anteriormente. Tan solo habría que decir que la IA no entra en ofrecer cursos en áreas con alta demanda laboral, como tecnología, salud, logística y servicios, ni en la necesidad de proporcionar opciones de formación en modo presencial, *online* y semipresencial o híbrida para adaptarse a las necesidades de los desempleados. Consideramos imprescindible incluir prácticas en empresas y proyectos reales para que los desempleados puedan adquirir experiencia práctica y relevante.

En lo relativo a ofrecer microcredenciales, se deberían incluir en áreas específicas tales como análisis de datos, ciberseguridad, marketing digital y habilidades técnicas. Estas certificaciones son rápidas de obtener y permiten a los desempleados demostrar competencias específicas que facilitan su empleabilidad. A este respecto deben asegurarse de que las microcredenciales sean fácilmente homologables y valoradas internacionalmente para aumentar las oportunidades de empleo que vayan más allá de España en el caso de ofertas de empleo lanzadas desde otros países.

Otro punto a considerar es formar alianzas con empresas para desarrollar programas de formación adaptados a sus necesidades. Esto asegura que los desempleados adquieran habilidades que son realmente demandadas, estableciendo programas de prácticas y aprendizajes en empresas para que los desempleados puedan ganar experiencia laboral mientras aprenden.

Otro punto fundamental es el apoyo que se ofrezca desde ámbitos de la Administración en forma de subsidios y becas para que los desempleados puedan acceder a formación profesional y microcredenciales sin coste alguno.

En este sentido se deben apoyar estas políticas en los centros de empleo para que ofrezcan orientación, asesoramiento y recursos sobre formación y microcredenciales.

Facilitar el acceso a plataformas de aprendizaje que ofrezcan cursos y microcredenciales en diversas áreas, permitir que los desempleados puedan estudiar a su propio ritmo y acceder a recursos educativos en cualquier momento y lugar permitirá adquirir nuevas habilidades y actualizar conocimientos para mantenerse competitivos en el mercado laboral.

Conclusión

Apoyar a los desempleados mediante formación profesional y microcredenciales es una estrategia efectiva para mejorar su empleabilidad y prepararlos para el mercado laboral actual. La colaboración entre empresas, instituciones educativas y Gobiernos es clave para ofrecer programas de formación relevantes y accesibles que respondan a las necesidades del mercado y de los desempleados.

Pregunta mejorada realizada a la inteligencia artificial

¿Cuál será la tasa de empleabilidad de los estudiantes de formación profesional entre 2025 y 2030?

Respuesta obtenida de la inteligencia artificial

La tasa de empleabilidad de los estudiantes de formación profesional entre 2025 y 2030 dependerá de diversos factores, como la adaptación de los planes de estudio a las demandas del mercado laboral, la evolución de sectores clave como la tecnología y las energías renovables y las políticas gubernamentales que promuevan la inserción laboral juvenil. En general, se prevé un incremento en la empleabilidad para aquellos estudiantes con competencias técnicas específicas y habilidades blandas como el trabajo en equipo y la adaptabilidad, especialmente en campos vinculados a la digitalización, la IA y los oficios especializados. Sin embargo, esta tasa puede variar según el contexto económico y regional.

Comentario y valoración final

En esta respuesta vemos cómo la IA generativa no se moja a la hora de ofrecer resultados, pero aunque lo hiciese tampoco sería útil ya que la versión básica no cita fuentes. Es un caso típico de respuesta general escasamente predictiva, pues el sistema no analiza fuentes.

Según datos ofrecidos por Ibereconomia.es, se prevé un incremento en la empleabilidad para aquellos estudiantes con competencias técnicas específicas y habilidades blandas como el trabajo en equipo y la adaptabilidad, especialmente en campos vinculados a la digitalización, la IA y los oficios especializados.

Sin embargo, esta tasa puede variar según el contexto económico y regional. Por ejemplo, en España, se espera que la formación profesional sea una de las principales vías de empleo, con un 27.1 % de los empleos creados hasta 2035 atribuibles a profesionales con formación profesional.

11
Apoyo a los desempleados

Enunciado convencional de la pregunta

¿Qué organismo se ocupará de evaluar las necesidades de formación de los desempleados?

Pregunta mejorada realizada a la inteligencia artificial

¿Qué entidad o sistema debería encargarse de evaluar, organizar y financiar las necesidades de formación continua y digitalización para los desempleados, especialmente en sectores en declive?

Respuesta obtenida de la inteligencia artificial

La responsabilidad de evaluar, organizar y financiar la formación continua y la digitalización para desempleados, especialmente en sectores en declive, debería recaer en un sistema coordinado que integre entidades gubernamentales, educativas y privadas. Un modelo ideal podría ser liderado por un organismo público especializado, como un ministerio de trabajo o empleo, en colaboración con agencias de desarrollo económico y tecnología. Este organismo podría trabajar con instituciones educativas y centros de formación técnica para diseñar programas actualizados, mientras que el sector privado aportaría información sobre las competencias demandadas en el mercado laboral.

Además, sería clave un sistema de financiamiento mixto, que combine fondos públicos, como subvenciones o presupuestos estatales, con incentivos fiscales para empresas que inviertan en la formación de desempleados o trabajadores en transición. A nivel local, se podrían implementar observatorios de empleo y formación para identificar las necesidades específicas de cada región o sector. Por último, la digitalización del sistema de formación mediante plataformas en línea facilitaría el acceso y permitiría adaptarse a las necesidades individuales de los desempleados.

Comentario y valoración final

Da ideas en diferentes supuestos. Dentro de lo que cabe, relativamente es creativa en cuanto a opciones y enfoques.

Actualmente la entidad encargada de evaluar, organizar y financiar las necesidades de formación continua y digitalización para los desempleados en sectores en declive en España es el Servicio Público de Empleo Estatal (SEPE) a través de programas como la Fundación Estatal para la Formación en el Empleo (Fundae) www.fundae.es, donde se ofrece una variedad de cursos y subvenciones para ayudar a los trabajadores a adquirir nuevas competencias y facilitar su reinserción laboral a través de su portal Experiencia Fundae, antes llamado Digitalízate Plus, y la plataforma eFundae, concebida como *e-learning*.

Además, el SEPE colabora con otras entidades y comunidades autónomas (CC. AA.) para garantizar que la formación esté alineada con las demandas del mercado laboral y las necesidades específicas de cada sector.

La anunciada próxima creación de una agencia estatal que sustituirá al actual SEPE tendrá un protagonismo destacado el tema de orientación laboral y formación en competencias digitales y coordinará con las CC. AA. al ser el empleo una competencia transferida.

¿Cómo se podrá medir el impacto y la retención
del conocimiento después de un programa de
capacitación en el desempeño laboral?

Pregunta mejorada realizada a la inteligencia artificial

¿Cómo se podrá medir el impacto y la retención del conocimiento después de un programa de capacitación en el desempeño laboral?

Respuesta obtenida de la inteligencia artificial

El impacto y la retención del conocimiento tras un programa de capacitación pueden medirse mediante una combinación de indicadores cuantitativos y cualitativos en el desempeño laboral. Se pueden emplear evaluaciones prácticas y teóricas poscapacitación para medir la comprensión y aplicación de los conceptos aprendidos. Además, se pueden analizar indicadores de productividad, calidad del trabajo y eficiencia en el cumplimiento de tareas en comparación con métricas previas al programa. Herramientas como encuestas de satisfacción, retroalimentación de supervisores y autoevaluaciones también ofrecen información sobre la aplicabilidad del conocimiento en el entorno laboral. Finalmente, el seguimiento a largo plazo permite identificar mejoras sostenidas en habilidades clave y detectar áreas donde el aprendizaje podría reforzarse.

Comentario y valoración final

Dentro de lo sencilla que es la pregunta, la IA no da una respuesta demasiado revolucionaria o creativa. Se centra en técnicas de base, aunque al menos da un horizonte de corto y largo plazo.

Para medir el impacto y la retención del conocimiento después de un programa de capacitación en el desempeño laboral, se pueden implementar varias estrategias y herramientas, como realizar evaluaciones antes y después de la capacitación para medir el aumento de conocimientos, aplicar pruebas periódicas después del programa para verificar la retención a largo plazo e incorporar KPI relacionados con las habilidades adquiridas para medir cualquier mejora en el trabajo y supervisar el rendimiento laboral antes y después de la capacitación a través de las mencionadas evaluaciones de desempeño realizadas por supervisores.

Como indica la respuesta de la IA, se deberían implementar encuestas de satisfacción para obtener *feedback* de los participantes sobre la utilidad y aplicabilidad del programa de capacitación y realizar entrevistas con los empleados y sus supervisores para obtener una perspectiva cualitativa.

En cuanto a su aplicación práctica, se deberían asignar proyectos o tareas que requieran la aplicación de las nuevas habilidades adquiridas y evaluar su ejecución e implementar ejercicios prácticos que simulen situaciones reales de trabajo para evaluar la aplicación del conocimiento.

Todo ello debe contemplar un análisis de datos donde podremos utilizar un *software* de gestión de aprendizaje (LMS) para rastrear el progreso y el desempeño de los empleados en tiempo real y comparar métricas de productividad antes y después de la capacitación para identificar mejoras tangibles.

Implementando estas estrategias, se puede obtener una visión integral del impacto de la capacitación en el desempeño laboral y asegurar que los conocimientos adquiridos se mantengan y se apliquen eficazmente en el entorno de trabajo.

Enunciado convencional de la pregunta

¿Qué papel desempeñará la orientación laboral en
la búsqueda de empleo y qué habilidades tendrán
mayor valoración?

Pregunta mejorada realizada
a la inteligencia artificial

¿Qué papel desempeñará la orientación laboral en la búsqueda de
empleo y qué habilidades tendrán mayor valoración?

Respuesta obtenida de la inteligencia artificial

La orientación laboral desempeñará un papel crucial en la búsqueda de empleo al ayudar a los candidatos a identificar sus fortalezas, explorar oportunidades en sectores con alta demanda y preparar estrategias personalizadas, como la mejora de currículums y el entrenamiento para entrevistas. Además, orientadores especializados podrán guiar a los postulantes hacia programas de formación que les permitan adquirir habilidades relevantes. Entre las competencias más valoradas estarán las digitales, como el manejo de herramientas tecnológicas avanzadas y la alfabetización en datos, junto con habilidades blandas como la comunicación, la adaptabilidad, la resolución de problemas y el trabajo en equipo. Estas capacidades serán esenciales para destacar en un mercado laboral en constante evolución.

Comentario y valoración final

Una vez más, la respuesta de la IA es simple pero completa. Podría ir más lejos, pero cubre lo necesario.

El papel de la orientación laboral ayudará a los individuos a identificar sectores y roles emergentes que ofrezcan buenas perspectivas de empleo y en los que los orientadores laborales pueden guiar a las personas hacia programas de capacitación y formación continua que les permitan adquirir las competencias necesarias, con un asesoramiento personalizado que tome en cuenta las aspiraciones, experiencias y habilidades de cada individuo para trazar un plan de formación adecuado.

Igualmente ayudarán en la preparación para entrevistas de trabajo revisando currículums y realizando simulaciones de entrevistas y facilitarán el acceso a redes de contactos profesionales y oportunidades de *networking*.

En este punto hay que distinguir aquellas habilidades con mayor valoración, tanto desde el punto de vista de las competencias digitales y las habilidades blandas como de la capacidad de colaborar eficazmente en equipo, comunicar ideas de manera clara y efectiva, adaptarse a cambios y aprender nuevas habilidades rápidamente y la resolución de problemas, identificándolos y desarrollando soluciones innovadoras.

También destacamos las habilidades de gestión, tales como el liderazgo y la capacidad de pensar de manera creativa y proponer ideas innovadoras que añadan valor a la organización.

La orientación laboral será fundamental para que los individuos se mantengan actualizados y competitivos en un mercado laboral en constante evolución. A medida que la tecnología y las demandas del mercado cambian, la capacidad de adaptarse y adquirir nuevas habilidades será esencial para mantener la empleabilidad.

12
Conocimientos y competencias clave

Enunciado convencional de la pregunta

¿Se podrá definir un catálogo de competencias profesionales para la nueva economía digital?

Pregunta mejorada realizada a la inteligencia artificial

¿Cómo se podría estructurar un catálogo de competencias profesionales específicas para la economía digital y cuáles serán las habilidades más demandadas en los sectores emergentes? ¿Se podrá definir un catálogo de competencias profesionales para la nueva economía digital?

Respuesta obtenida de la inteligencia artificial

Un catálogo de competencias profesionales para la economía digital podría estructurarse en niveles que reflejen grados de especialización y aplicabilidad organizados por sectores y áreas transversales. Podría incluir competencias básicas, como alfabetización digital y manejo de herramientas tecnológicas; intermedias, como análisis de datos y diseño de experiencias digitales, y avanzadas, como IA, ciberseguridad y desarrollo de *software*. Las habilidades más demandadas en sectores emergentes incluirán la programación, el análisis de *big data*, la automatización, la gestión de proyectos tecnológicos y la innovación sostenible. Para definir este catálogo, sería fundamental una colaboración entre Gobiernos, instituciones educativas y empresas, utilizando estudios de prospectiva laboral y ajustándose continuamente a las transformaciones tecnológicas y económicas.

Comentario y valoración final

La respuesta es simple, aunque el modelo podría perfectamente ir a un mayor nivel de detalle e incluso crear dicho catálogo. Así lo hemos hecho, y este es el resultado con una propuesta de catálogo:

Competencias técnicas

1. Competencias digitales básicas:

    - Uso de herramientas digitales (*software* de oficina, navegación web y correo electrónico).

    - Seguridad digital (gestión de contraseñas y reconocimiento de *phishing*).

2. Competencias digitales avanzadas:

    - Programación y desarrollo de *software* (Python, Java y C++).

    - Análisis de datos (uso de herramientas como Excel, SQL y R).

    - Gestión de redes y sistemas (configuración de redes y administración de servidores).

3. Competencias en IA y *machine learning*:

- Desarrollo y aplicación de modelos de IA.
- Procesamiento de lenguaje natural (NLP).

4. Competencias en ciberseguridad:

- Identificación y mitigación de amenazas cibernéticas.
- Gestión de infraestructuras seguras.

5. Competencias en energías renovables:

- Instalación y mantenimiento de sistemas de energía solar y eólica.
- Gestión de proyectos de energía sostenible.

Competencias blandas

1. Equipo:

- Colaboración efectiva en equipos multidisciplinarios.
- Comunicación clara y eficaz.

2. Adaptabilidad y aprendizaje continuo:

- Capacidad para adaptarse a cambios tecnológicos y de mercado.
- Compromiso con el aprendizaje continuo y la actualización de habilidades.

3. Resolución de problemas:

- Habilidad para identificar problemas y desarrollar soluciones innovadoras.
- Pensamiento crítico y analítico.

4. Creatividad e innovación:

- Generación de ideas creativas y novedosas.
- Implementación de soluciones innovadoras en el entorno laboral.

5. Gestión del tiempo y organización:

- Planificación y gestión eficiente del tiempo.
- Priorización de tareas y metas.

Este catálogo puede servir como base para diseñar programas de formación y capacitación que preparen a los trabajadores para la economía digital, asegurando que estén equipados con las habilidades necesarias para enfrentarse a los desafíos y aprovechar las oportunidades del futuro.

Pregunta mejorada realizada a la inteligencia artificial

¿Qué nuevos desarrollos y tendencias influirán en el futuro de la ingeniería del conocimiento (KI) y cómo impactará esta disciplina en la gestión de datos y la IA?

Respuesta obtenida de la inteligencia artificial

El futuro de la KI estará influido por tendencias como el auge de la IA generativa, la expansión del ML avanzado y el desarrollo de sistemas de gestión del conocimiento más intuitivos y autónomos. Tecnologías como el NLP y la computación cuántica también potenciarán esta disciplina, permitiendo la extracción, organización y aplicación del conocimiento de forma más eficiente y precisa. Su impacto en la gestión de datos será significativo al facilitar la estructuración de grandes volúmenes de información no estructurada y mejorar la toma de decisiones basadas en datos. Además, en IA, la KI tendrá un papel clave en la creación de sistemas más éticos, explicables y adaptables, impulsando aplicaciones en áreas como la automatización, la salud y la educación personalizada.

Comentario y valoración final

Está relativamente actualizada como respuesta, sin ir muy lejos, pero cubre lo básico.

Podemos complementarlo profundizando aún más en la KI, que se encuentra en constante evolución y en la que varias tendencias emergentes están moldeando su futuro.

Entre las más destacadas podemos incluir obviamente la IA y el aprendizaje automático (IA/ML). La integración de ambas está revolucionando la forma en la que se abordan los problemas. Se espera una mayor aplicación de algoritmos avanzados para el diseño de productos, la optimización de procesos y la toma de decisiones basada en datos, según podemos ampliar sobre lo publicado en https://blogs.salleurl.edu/es/tendencias-en-ingenieria-para-el-2024-impulsando-la-innovacion-tecnologica

Por otra parte, la ingeniería sostenible está tomando un papel central en proyectos de infraestructura y desarrollo. Los ingenieros están trabajando en soluciones que minimizan el impacto ambiental y fomentan la eficiencia energética.

La robótica, tanto industrial como de *software* (RPA), cuyo protagonismo es indiscutible, está siendo cada vez más utilizada para automatizar tareas peligrosas, repetitivas o precisas en diversas industrias.

Otro papel muy destacado lo desempeñan la realidad aumentada y la realidad virtual (RA/RV), tecnologías que están permitiendo a los ingenieros diseñar, construir y operar sistemas más eficientes y seguros.

Entre los efectos más notables, la KI está teniendo un impacto significativo en la gestión de datos y la IA, como la aplicación de algoritmos de IA y ML, que permiten la optimización de procesos y la mejora de la eficiencia operativa y la capacidad de analizar grandes volúmenes de datos en tiempo real, que ayuda a tomar decisiones basadas en una mayor información que permite obtener resultados más precisos.

Con todo lo dicho anteriormente, la creación de sistemas autónomos y robots inteligentes está aumentando la eficiencia y la precisión en diversos procesos industriales.

Además, es destacable que todo ello debe estar operado bajo el paraguas de la ciberseguridad, esencial en un mundo cada vez más digitalizado.

En resumen, la KI está transformando la forma en la que se gestionan los datos y se desarrollan sistemas inteligentes, lo que tiene un impacto profundo en diversos sectores e industrias.

Pregunta mejorada realizada a la inteligencia artificial

¿Se establecerán índices y certificaciones de capacitación en competencias digitales de cara a las necesidades demandadas por las empresas?

Respuesta obtenida de la inteligencia artificial

Es probable que se establezcan índices y certificaciones en competencias digitales para responder a las demandas específicas de las empresas, promoviendo estándares claros y medibles en habilidades tecnológicas. Estas certificaciones podrían ser diseñadas en colaboración entre organismos gubernamentales, instituciones educativas y el sector privado, asegurando su alineación con las necesidades del mercado laboral. Indicadores como niveles de alfabetización digital, manejo de herramientas específicas, ciberseguridad o competencias en IA serían parte fundamental de estos estándares. Además, se podrían implementar plataformas digitales que acrediten logros mediante *badges* o microcertificaciones, permitiendo a los trabajadores demostrar su preparación en tiempo real y adaptarse rápidamente a las exigencias de sectores dinámicos como la tecnología, la logística y la industria 4.0.

Comentario y valoración final

Buen contexto y alcance. Respuesta de base, pero bien expresada.

Es cierto que se están estableciendo índices y certificaciones de capacitación en competencias digitales para satisfacer las necesidades demandadas por las empresas. Un ejemplo destacado es el Plan Nacional de Competencias Digitales en España www.une.es, que forma parte de la Agenda Digital 2026 y el Plan de Recuperación, Transformación y Resiliencia.

Respecto al Plan Nacional de Competencias Digitales en España, tiene varios aspectos destacados que buscan garantizar la formación e inclusión digital de la ciudadanía y los trabajadores. Aquí mencionamos algunos de los más importantes:

- **Capacitación digital de la ciudadanía:** se pone un fuerte énfasis en la inclusión digital, especialmente para colectivos en riesgo de exclusión social. Se creará una red nacional de centros de capacitación digital y se ampliará la oferta *online* gratuita de acceso masivo (MOOC).

- **Lucha contra la brecha digital de género:** se implementarán programas específicos para fomentar la capacitación digital de las mujeres y su participación en itinerarios formativos tecnológicos.

- **Desarrollo de competencias digitales en la educación:** se dotará a los centros educativos de medios digitales y se implementará un Plan Digital Centro. Además, se incorporarán la programación y las competencias digitales en el currículo.

- **Formación a lo largo de la vida laboral:** se ofrecerán programas de formación profesional digital modular y flexible para la recualificación y el refuerzo de competencias de las personas trabajadoras.

- **Capacitación digital para las Administraciones públicas:** se creará un programa para la capacitación digital de las Administraciones públicas con el fin de que puedan llevar a cabo una transformación interna y desarrollar adecuadamente su papel como reguladoras y facilitadoras de la transformación digital.

- **Apoyo a las pyme:** los programas para la transformación digital buscan incrementar el número de empresas españolas que integran tecnologías digitales en su negocio, como el intercambio electrónico de información y las ventas en línea.

Estos esfuerzos están diseñados para cerrar brechas sociales, de género y territoriales e impulsar la creación de empleos de calidad, reducir el desempleo y aumentar la productividad.

Este plan incluye la creación de un Catálogo Nacional de Cualificaciones Profesionales que acredita competencias digitales a diferentes niveles, especialmente las competencias digitales básicas, que se definen en https://portal.mineco.gob.es/es-es/digitalizacionIA/Paginas/plan-nacional-competencias-digitales.aspx

Además, se están desarrollando programas de formación profesional digital modular y flexible orientados a la recualificación y el refuerzo de competencias de las personas trabajadoras. Estos programas están diseñados para ayudar tanto a empleados como a desempleados a adquirir y mejorar sus competencias digitales.

Pregunta mejorada realizada a la inteligencia artificial

¿Qué ideas preconcebidas y habilidades obsoletas deben desaprender los profesionales para adaptarse a la economía digital y qué nuevas competencias y perspectivas deben priorizar para ser competitivos en un entorno tecnológico en constante evolución?

Respuesta obtenida de la inteligencia artificial

Para adaptarse a la economía digital, los profesionales deben desaprender ideas preconcebidas, como la creencia de que una formación inicial es suficiente para toda la vida laboral o de que la experiencia tradicional pesa más que las competencias tecnológicas. También deben abandonar prácticas obsoletas, como la resistencia a la automatización o la dependencia exclusiva de métodos analógicos para resolver problemas. En su lugar, deben priorizar el aprendizaje continuo y adquirir competencias como la alfabetización digital avanzada, el análisis de datos, la ciberseguridad y el manejo de herramientas de IA. Además, es crucial desarrollar habilidades blandas como la adaptabilidad, la creatividad y la colaboración interdisciplinaria. Adoptar una mentalidad abierta al cambio, valorar la innovación y comprender la importancia de la sostenibilidad tecnológica serán perspectivas esenciales para mantenerse competitivos en un entorno en constante transformación.

Comentario y valoración final

La pregunta define el tono *digital* de la respuesta, pero dentro de ese caso define bien las ideas.

Si ampliamos la respuesta, encontramos entre las habilidades obsoletas a desaprender la resistencia al cambio, es decir, la creencia de que los métodos tradicionales siempre funcionarán. La resistencia al cambio puede ser un obstáculo significativo en un entorno en constante evolución.

Otra a extinguir es la dependencia exclusiva de la experiencia, o creer que la experiencia pasada garantiza el éxito futuro, pues la economía digital requiere una mentalidad de aprendizaje continuo.

La estructura organizativa tradicional, con jerarquías rígidas y comunicación unidireccional, puede ser un impedimento para la agilidad y la innovación.

Habilidades técnicas desactualizadas que ya no son relevantes, como el manejo de *software* obsoleto, deben ser dejadas de lado para hacer espacio a nuevas competencias.

Y obviamente, el desconocimiento de la importancia de los datos, considerando que no son fundamentales para la toma de decisiones. La gestión y el análisis de datos son esenciales en la economía digital.

En cuanto a nuevas competencias y perspectivas a priorizar, destacamos la capacidad de adaptarse rápidamente a nuevos procesos, tecnologías y entornos de trabajo, unido a una mentalidad de aprendizaje continuo, algo esencial para mantenerse actualizado con las últimas tendencias y tecnologías.

En lo relativo a competencias digitales, conocimientos de programación y desarrollo de *software* de última generación (Python, Java y C++), habilidades para manejar y analizar grandes volúmenes de datos utilizando herramientas como SQL, R y Python y conocimiento en la identificación y mitigación de amenazas de ciberseguridad.

En lo relativo a nuevas habilidades blandas destacamos la capacidad para comunicar de manera clara y efectiva tanto en entornos físicos como virtuales, la colaboración eficaz en equipos multidisciplinarios y remotos y la generación de ideas novedosas y soluciones creativas para problemas complejos.

También es necesario avanzar en aspectos como el pensamiento crítico y la resolución de problemas, potenciando la habilidad para analizar situaciones, identificar problemas y desarrollar soluciones innovadoras; una mejor capacidad para gestionar eficientemente el tiempo y priorizar tareas en un entorno dinámico y obviamente el conocimiento y la familiaridad con tecnologías emergentes, como la IA, la *blockchain* y el IoT.

Adoptando estas nuevas competencias y perspectivas, los profesionales estarán mejor preparados para enfrentarse a los desafíos y aprovechar las oportunidades de la economía digital.

Vocación laboral

Pregunta mejorada realizada a la inteligencia artificial

¿Qué valores profesionales serán más valorados en la economía digital y cómo influirán la adaptabilidad, la colaboración y la innovación en el éxito de los empleados y las empresas?

Respuesta obtenida de la inteligencia artificial

En la economía digital, valores profesionales como la adaptabilidad, la colaboración y la innovación serán fundamentales para el éxito tanto de los empleados como de las empresas. La adaptabilidad permitirá a los profesionales responder rápidamente a cambios tecnológicos y demandas del mercado, mientras que la colaboración, potenciada por herramientas digitales, fomentará el trabajo en equipos diversos y globales. La innovación será clave para generar soluciones creativas y competitivas, especialmente en un entorno donde la disrupción constante redefine los modelos de negocio. Además, valores como la ética, la resiliencia y el compromiso con el aprendizaje continuo serán altamente valorados, ya que garantizarán una integración equilibrada de la tecnología en procesos sostenibles y centrados en las personas. Estos valores no solo fortalecerán la competitividad individual, sino que impulsarán culturas organizacionales ágiles y orientadas al futuro.

Comentario y valoración final

Es una pregunta típica con una respuesta muy de base y políticamente correcta.

Pero si profundizamos un poco más y somos capaces de crear una especie de decálogo de valores profesionales más demandados en el futuro, lo podíamos enunciar y definir de la siguiente manera:

1. Adaptabilidad: la capacidad de adaptarse rápidamente a nuevos entornos y cambios tecnológicos es crucial.

2. Pensamiento crítico: habilidad para analizar situaciones complejas y tomar decisiones informadas.

3. Trabajo en equipo: colaboración efectiva con colegas y capacidad de trabajar en equipos multidisciplinarios.

4. Integridad: mantenimiento de altos estándares éticos y de honestidad en todas las actividades profesionales.

5. Creatividad e innovación: capacidad de generar ideas novedosas y soluciones creativas a problemas existentes.

6. Empatía: habilidad para entender y compartir los sentimientos de los demás, lo que es esencial para la comunicación efectiva y el liderazgo.

7. Responsabilidad: cumplimiento de las obligaciones y asunción de la responsabilidad de las propias acciones.

8. Liderazgo: capacidad de inspirar y guiar a otros hacia el logro de objetivos comunes.

9. Compromiso con el aprendizaje continuo: disposición para aprender nuevos conocimientos y habilidades a lo largo de la carrera profesional.

10. Resiliencia: capacidad para recuperarse de los contratiempos y mantener un enfoque positivo frente a los desafíos.

Estos valores no solo son esenciales para el éxito individual, sino que también contribuyen al bienestar y a la productividad de las organizaciones.

Pregunta mejorada realizada a la inteligencia artificial

¿Cuáles serán el tiempo medio de permanencia en una empresa y las prioridades laborales de las nuevas generaciones?

Respuesta obtenida de la inteligencia artificial

El tiempo medio de permanencia en una empresa para las nuevas generaciones, como los *millennials* y la generación Z, podría oscilar entre dos y cuatro años, reflejando una tendencia hacia trayectorias laborales más dinámicas y diversificadas. Estas generaciones priorizan aspectos como el equilibrio entre la vida personal y profesional, oportunidades de desarrollo y aprendizaje continuo, así como una conexión con los valores y el propósito de la empresa. También valoran entornos laborales inclusivos, sostenibles y flexibles, con opciones de trabajo remoto o híbrido. Este enfoque en experiencias significativas y el crecimiento personal influirán en su compromiso, incentivando a las empresas a ofrecer beneficios competitivos y culturas laborales atractivas para retener talento.

Comentario y valoración final

Responde a la pregunta y además da contexto en torno a los motivos de las cifras.

El tiempo medio de permanencia en una empresa puede variar según la industria y la ubicación, pero en general se ha observado una tendencia hacia una mayor rotación de empleados en los últimos años. Las nuevas generaciones, como los *millennials* y la generación Z, tienden a cambiar de empleo con más frecuencia en busca de crecimiento profesional, satisfacción laboral y un mejor equilibrio entre la vida personal y profesional. A este respecto traemos un informe de la empresa SAGE sobre la contratación en España para 2025: https://www.sage.com/es-es/blog/generacion-de-empleo-empresas-espanolas-crecimiento-contratacion/

En cuanto a las prioridades laborales de las nuevas generaciones, coincidimos con lo respondido por la IA en lo relativo a la búsqueda del equilibrio entre vida personal y profesional debido a que las nuevas generaciones valoran mucho la flexibilidad y la posibilidad de trabajar desde casa o con horarios flexibles y también buscan oportunidades de crecimiento y aprendizaje continuo dentro de la empresa, y un dato relevante es que, aunque no siempre es la prioridad principal, valoran que una remuneración competitiva sigue siendo importante.

Destaca por otra parte los nuevos valores demandados por los aspirantes a buscar empleo, tales como una cultura empresarial positiva, inclusiva y colaborativa, muy relevantes para atraer y retener talento joven.

Otro dato de gran relevancia es la responsabilidad social corporativa, puesto que las nuevas generaciones prefieren trabajar en empresas que se comprometen con la sostenibilidad y la responsabilidad social.

A este respecto, el informe de EY La empresa en 2025: el propósito de la empresa en un mundo en transformación es muy esclarecedor de lo que se avecina con el nuevo mandato de Donald Trump, que intensificará previsiblemente las políticas proteccionistas, lo que reconfigurará las alianzas comerciales. Al mismo tiempo, el avance sostenido de China en áreas clave como innovación tecnológica: https://www.ey.com/es_es/espana-2025/entorno-economico-empresarial/la-empresa-en-2025-el-proposito-de-la-empresa-en-un-mundo-en-transformacion

Pregunta mejorada realizada a la inteligencia artificial

¿Qué tipo de formación debe contemplarse para las personas con discapacidad?

Respuesta obtenida de la inteligencia artificial

La formación para personas con discapacidad debe ser inclusiva, personalizada y adaptada a las necesidades individuales, garantizando igualdad de oportunidades en el acceso al conocimiento y desarrollo profesional. Debe contemplar tanto competencias técnicas específicas, como el manejo de herramientas digitales, la programación o la contabilidad, como habilidades blandas, como la comunicación, la gestión del tiempo y el trabajo en equipo. Además, es fundamental ofrecer formatos accesibles, como materiales en braille, subtítulos, audios o tecnologías de asistencia, y entornos virtuales de aprendizaje compatibles con dispositivos de apoyo, como lectores de pantalla o *software* de reconocimiento de voz. Esta formación debe enfocarse en la inclusión laboral, ayudando a los participantes a integrar sus habilidades y capacidades en el mercado de trabajo, adaptándose a las exigencias del entorno profesional y promoviendo su autonomía y confianza.

Comentario y valoración final

Para la longitud de la respuesta, es relativamente buena y completa.

Pero según nuestro criterio, la formación para personas con discapacidad debe ser, además de inclusiva y adaptada a sus necesidades específicas, promotora de la integración de personas con discapacidad en entornos educativos regulares, adaptando los métodos de enseñanza y los materiales didácticos.

Deben diseñarse cursos que desarrollen habilidades específicas para el empleo, como la gestión del tiempo, la comunicación efectiva y el trabajo en equipo, incorporando programas que ofrezcan apoyo emocional y psicológico para ayudar a las personas con discapacidad a enfrentarse a desafíos personales y profesionales, incluyendo una formación que fomente la autonomía y la toma de decisiones, ayudando a las personas con discapacidad a desarrollar su autoestima, garantizando la accesibilidad en todos los aspectos de la vida, desde el transporte hasta la vivienda y el empleo.

En lo relativo a cursos, consideramos importantes cursos de participación y coliderazgo para personas con discapacidad intelectual, que ayudarán a conocer mejor los derechos relacionados con la participación y el coliderazgo de personas con discapacidad; cursos de introducción a los trastornos del espectro del autismo (TEA) para comprender mejor los trastornos del espectro autista y cómo apoyar a las personas afectadas, y cursos de educación inclusiva, el denominado *diseño universal de aprendizaje* (DUA), que incluye estrategias para enseñar en un aula heterogénea, para proporcionar apoyo activo y efectivo a personas con discapacidad.

Estos programas y cursos están diseñados para mejorar la calidad de vida y las oportunidades de empleo de las personas con discapacidad, promoviendo su inclusión y participación activa en la sociedad.

BLOQUE 4

RELACIONES LABORALES Y CONDICIONES DE TRABAJO

Más allá de la presencia o no de robots con formas humanoides, la realidad es que diversos algoritmos, programas o aplicaciones específicas tienen ya un protagonismo significativo en el funcionamiento interno de las empresas, y lo tendrán más en un inmediato futuro con el desarrollo de los modelos de IA aplicados a las actividades productivas de bienes y servicios. Estos sistemas influirán en particular en el proceso de toma de decisiones y en la implantación de estrategias empresariales, por lo que inevitablemente afectarán de forma extraordinaria a las relaciones de trabajo en el seno de las empresas y en el mercado de trabajo en general.

Las relaciones laborales se han caracterizado históricamente por su carácter colectivo; son los trabajadores en general quienes negocian sus condiciones de trabajo, sea de forma directa o a través de sus representantes, designados por ellos o mediante organizaciones sindicales o profesionales. Sin embargo, la influencia de los sistemas digitales en las empresas puede ahondar en un modelo de relaciones laborales en el que tengan más protagonismo las relaciones individuales, no solo ya entre los estamentos directivos, como hemos conocido hasta ahora con las relaciones laborales especiales, sino también entre los trabajadores en general.

Estas transformaciones pueden generar una amplia pérdida de algunos derechos colectivos que los trabajadores han conseguido con mucho esfuerzo, además de requerir modificaciones en las legislaciones laborales estatales. Todas estas son cuestiones que se plantean hoy expertos en la materia y los protagonistas de la propia relación laboral.

El manifiesto fundacional de la Asociación Cibercotizante se define claramente en esta materia: «La negociación colectiva debe enriquecerse con la incorporación de materias como la propiedad intelectual de los trabajadores por la aportación de talento, la medición de la nueva productividad, la desconexión digital, los derechos en la privacidad y protección de datos y en general con las garantías digitales reconocidas legalmente».

Las consecuencias deben ser estudiadas por ámbitos concretos, y así lo hacemos en las cuestiones planteadas a la IA dentro de este bloque de preguntas, en particular por lo que se refiere a la estimación de la próxima evolución de los salarios, la relación de estos con las nuevas competencias adquiridas y el análisis de los modelos de retribución.

Por otra parte, surgen dudas sobre los cambios que pudieran producirse en las condiciones físicas de los centros de trabajo y en los entornos presenciales, así como en el horario y la jornada laboral, el trabajo remoto o a distancia, etc., es decir, todo aquello que pudiera relacionarse con la denominada *flexibilidad* y que tan difícil es definir en el ámbito laboral, ya que siempre está limitando con la frontera de la inseguridad y de la precariedad, y la implantación de procesos de automatización en las empresas parece que dibuja un mercado de trabajo más flexible.

También la introducción del algoritmo en la empresa como factor de decisiones funcionales redunda en aspectos tan importantes como el régimen sancionador interno o los códigos éticos, elementos sustanciales en una política de recursos humanos moderna que pueden influir de forma significativa en el propio concepto de los derechos laborales en la medida de que procesos automatizados puedan en la práctica tomar decisiones que hasta ahora correspondían en exclusiva a los humanos, o al menos condicionarlas.

Otro aspecto que abordamos en este bloque de cuestiones y preguntas es algo que ha sido y sigue siendo motivo de debate, incluso de controversia, en el ámbito científico de estudio relacionado con el mundo del trabajo: la cotización que los empresarios deberían o podrían realizar en función del número de robots de los que hagan uso y en la medida de que dichos sistemas automatizados sustituyan el trabajo que con anterioridad realizaban trabajadores humanos; es lo que hemos dado en denominar *cibercotización*. La cotización a la

Seguridad Social es el único pago impuesto por el sistema al empresario que se hace por cada trabajador contratado y proporcionalmente a la retribución, pero las cantidades así aportadas no son de titularidad de cada trabajador, sino que redundan en el beneficio general a favor de todos los trabajadores, los pasados, los actuales y los futuros, ya que no se trata de un sistema de capitalización individual, sino de reparto colectivo. Por esta razón, el conjunto de los trabajadores, tanto pasivos como activos, se ve afectado por cualquier disminución en el número de empleados efectivos en las empresas.

Así lo recoge en su manifiesto fundacional ya mencionado la Asociación Cibercotizante, que promociona este debate con carácter general: «La robotización va a hacer cambiar la política fiscal de manera irremediable. Los Gobiernos necesitan más recursos para financiar sus programas de bienestar social, en especial durante un período de transitoriedad en el que puede verse menguado el mercado tradicional de trabajo disponible. Sería necesario encontrar la forma en la que los robots, sistemas inteligentes y en general la automatización, contribuyan a esta empresa de una u otra forma. Aplicar una renta ficticia al robot a partir del trabajo que sustituye y vinculada a la nueva productividad o imponer un impuesto a dicha renta serían, entre otros, puntos a tener en cuenta».

No menor importancia tienen las preguntas vinculadas a la representación colectiva, es decir, al papel que deberá corresponder a las organizaciones sindicales y profesionales en la defensa de los intereses de los colectivos laborales en esta nueva situación y cómo estas podrán adaptarse a un nuevo sistema de trabajo en el que deben convivir las labores automatizadas con las tradicionales.

Todas las relaciones personales se van a ver afectadas por la automatización, y en particular por las aplicaciones prácticas de la IA, pero las relaciones de trabajo son las más sensibles a los cambios que podrían producirse y, por tanto, las que exigen mayor atención y seguimiento.

14
El algoritmo, tu «nuevo jefe»

Enunciado convencional de la pregunta

¿Qué puestos de trabajo van a ser cubiertos preferentemente por robots o algoritmos y cómo será su convivencia con los trabajadores humanos?

Pregunta mejorada realizada a la inteligencia artificial

¿Qué puestos de trabajo serán mayoritariamente ocupados por robots o algoritmos en los próximos años y cómo impactará esta convivencia en la colaboración y dinámica laboral entre trabajadores humanos y sistemas automatizados?

Respuesta obtenida de la inteligencia artificial

En los próximos años, los puestos de trabajo mayoritariamente ocupados por robots o algoritmos incluirán tareas repetitivas y predecibles, como las de operarios en fábricas, empaquetadores, conductores de vehículos autónomos y ciertos roles en la atención al cliente y el análisis de datos. Además, trabajos en el sector financiero, como la gestión de riesgos y la asesoría automatizada, también estarán cada vez más automatizados. Esta convivencia entre trabajadores humanos y sistemas automatizados transformará la dinámica laboral, favoreciendo una colaboración en la que los humanos se centren en tareas de mayor valor añadido, como la toma de decisiones estratégicas, la creatividad y la resolución de problemas complejos. A medida que los robots asuman trabajos operativos, los empleados deberán adaptarse a nuevos roles, aprendiendo a trabajar junto a la tecnología, supervisando sus resultados y mejorando procesos. Esta transición también requerirá un cambio cultural dentro de las empresas, promoviendo habilidades tecnológicas, flexibilidad y un enfoque ético en el uso de la automatización.

Comentario y valoración final

La respuesta que nos ofrece la IA incide en las tesis ya muy desarrolladas sobre la nueva división de funciones que se podrá producir en el mercado de trabajo por la integración de sistemas automatizados, que permiten que en determinadas actividades las funciones más simples sean ejercidas por las máquinas y las de diseño y toma de decisiones estratégicas correspondan a los humanos, por lo que parece confirmar una cierta continuidad de la dependencia de la máquina respecto al profesional humano.

Sin embargo la respuesta puede ser algo deficitaria en los siguientes aspectos:

- La complejidad añadida en las relaciones laborales que pueden llegar a producir los cambios en el proceso de toma de decisiones modificará también los factores de jerarquía y autoridad en la empresa, de tal forma que el incumplimiento de una instrucción del algoritmo pudiera producir consecuencias en materia de disciplina laboral, por poner un ejemplo.

- La expansión de nuevas profesiones vinculadas al control de la máquina y el seguimiento de sus decisiones, así como de los efectos en la clientela o receptores de los productos y servicios, incluirá nuevos profesionales cuya presencia pudiera a su vez incidir en el orden lógico del ejercicio de la autoridad en la empresa o en el modelo de trabajo colaborativo.

- Por lo que se refiere al mercado de trabajo general, quizás falta alguna reflexión sobre la evolución de las tareas que requieren mayor presencia de humanos, como los relacionados con los cuidados personales o la atención a colectivos más vulnerables, en las que el algoritmo puede tener solo un papel planificador o subsidiario en la toma de las decisiones que deban adoptarse en las empresas dedicadas a estas actividades.

15
El algoritmo y la relación laboral

Enunciado convencional de la pregunta

¿Cómo se redefinirá el concepto de relación laboral?

Pregunta mejorada realizada a la inteligencia artificial

¿Cómo deberá redefinirse el concepto de relación laboral en un entorno donde los algoritmos y robots tienen un papel activo en la producción y gestión y qué implicaciones tendrá esto en términos de derechos y obligaciones laborales?

Respuesta obtenida de la inteligencia artificial

El concepto de relación laboral deberá redefinirse en un entorno en el que los algoritmos y robots desempeñan un papel activo, pasando de un modelo tradicional centrado exclusivamente en la relación entre empleador y trabajador humano a uno más inclusivo que contemple la interacción entre humanos, máquinas y sistemas automatizados. Esta nueva relación implicará una redefinición de la jerarquía y los roles laborales, considerando que los algoritmos y robots no son empleados en el sentido convencional, pero sí influyen en la organización y ejecución de tareas. En términos de derechos y obligaciones laborales, esto exigirá una actualización de las normativas para garantizar la protección de los trabajadores humanos frente a la automatización, como la formación continua, la adaptación de sus habilidades y la seguridad en el empleo. Además, se deberán establecer nuevas regulaciones para la supervisión ética de la IA y la automatización, como la responsabilidad por errores o mal funcionamiento de los sistemas, y la aseguración de que la automatización no sustituya injustamente a los trabajadores sin un plan adecuado de reubicación o transición. En este contexto, los derechos laborales deberán extenderse para proteger a los trabajadores frente a los impactos de la automatización, garantizando un equilibrio justo entre la eficiencia tecnológica y el bienestar de los empleados.

Comentario y valoración final

La respuesta de la IA en este caso tiene dos ámbitos distintos: el micro, es decir, la influencia que pueda tener la automatización en las relaciones individuales o colectivas de los trabajadores con cada empresa en determinados supuestos, y el macro, que se refiere a la necesidad de proteger los intereses generales de los trabajadores en el proceso de transición. Parece excesiva la afirmación de que el concepto de relación laboral deberá redefinirse por la presencia de la máquina o el algoritmo; en nuestra opinión sería suficiente con incidir en que la relación laboral deberá adaptarse para tener en cuenta los elementos distintivos que la automatización puede añadir a la relación habitual de trabajo, algunos ya indicados, como los posibles efectos en la disciplina laboral o en el ejercicio de la autoridad en el seno de la empresa.

Por su parte, parece muy acertada la referencia a las posibles nuevas regulaciones para la supervisión de los errores o el mal funcionamiento de los sistemas que la introducción de modelos automatizados pueda producir.

En el ámbito macro sin duda es más cuestionable la introducción del concepto de *sustitución injusta de trabajadores*, cuya extensión es difícil definir. Cuestión distinta es el objetivo deseable que de que la legislación laboral proteja a los trabajadores que se vean afectados negativamente por la incorporación de sistemas automatizados y permita su reincorporación al mercado ordinario de trabajo, más allá de la definición ética de esa sustitución.

16
La cibercotización

¿Deberán las empresas efectuar cotizaciones en nombre de los profesionales no humanos para cubrir prestaciones sociales?

Pregunta mejorada realizada a la inteligencia artificial

¿Deberán las empresas considerar el pago de cotizaciones sociales para los robots o sistemas de IA que realicen trabajos equivalentes a los de los humanos? ¿Cómo afectará esto a los sistemas de seguridad social?

Respuesta obtenida de la inteligencia artificial

Las empresas podrían eventualmente considerar el pago de cotizaciones sociales para los robots o sistemas de IA que realicen trabajos equivalentes a los de los humanos con el objetivo de que estos sistemas contribuyan a la financiación de los servicios de seguridad social. Aunque los robots no tienen necesidades como salud o pensiones, su integración en el proceso productivo genera valor económico, por lo que una contribución de este tipo sería una forma de asegurar que los beneficios derivados de la automatización también ayudan a sostener el bienestar social. Esto implicaría una transformación en los sistemas de seguridad social, que tradicionalmente dependen de las cotizaciones de los trabajadores humanos. La inclusión de contribuciones de la automatización podría aliviar la carga sobre los trabajadores, pero también exigiría la creación de nuevos marcos fiscales y regulatorios para gestionar y distribuir de manera justa los fondos entre humanos y sistemas automatizados, garantizando la sostenibilidad y equidad del sistema.

Comentario y valoración final

Ante esta pregunta la IA reproduce una opinión generalizada de que podría eventualmente establecerse algún tipo de pago de cotizaciones por parte de las empresas vinculado al uso de modelos de automatización en el proceso productivo que sustituya trabajo humano con el fin de sobrevenir a sostener la protección social general de la población trabajadora y de sus familias. Sin embargo la IA no parece entrar en el debate sobre la naturaleza de este tipo de aportación (seguridad social o impuesto) ni en qué circunstancias específicas debería hacerse.

La realidad es que existe algún grado de contradicción entre esta opinión favorable frente al análisis ya muy generalizado de que la IA no debería producir necesariamente una pérdida de empleo neto en términos globales, ya que la economía será capaz de generar empleo suficiente alternativo, por lo que el volumen de cotización social se mantendrá en el sistema.

En todo caso siempre habría un período transitorio por cuanto la pérdida de empleo sería más acelerada que la creación del nuevo empleo, que exigiría algún tipo de compensación para que los costes sociales fueran asumibles. Cuestión distinta es que esta aportación esté vinculada directamente al volumen de empleo o a los beneficios añadidos para las empresas que pudieran considerarse generados por la introducción de tecnologías vinculadas a la automatización de sistemas.

17
Representación de los trabajadores y negociación colectiva

Enunciado convencional de la pregunta

¿La representación legal de los trabajadores en la empresa y los sindicatos intervendrán directamente en la forma en la que los profesionales no humanos contribuyen al proceso productivo y al de la toma de decisiones?

Pregunta mejorada realizada a la inteligencia artificial

¿Cómo influirán los sindicatos y la representación legal de los trabajadores en las decisiones relacionadas con la implementación de profesionales no humanos, como robots y algoritmos, en el proceso productivo y en la toma de decisiones empresariales?

Respuesta obtenida de la inteligencia artificial

Los sindicatos y la representación legal de los trabajadores tendrán un papel clave en la implementación de profesionales no humanos, como robots y algoritmos, en el proceso productivo, ya que serán responsables de velar por los derechos y las condiciones laborales de los empleados humanos frente a la automatización. Los sindicatos probablemente exigirán regulaciones que aseguren una transición justa, como la capacitación y recolocación de trabajadores cuyos puestos sean reemplazados por tecnología, y abogarán por la creación de nuevos marcos legales que establezcan derechos para los trabajadores humanos frente a la automatización. Además, influirán en la toma de decisiones empresariales, buscando garantizar que las inversiones en tecnología no solo beneficien a las empresas, sino que también se distribuyan de manera equitativa entre los trabajadores, protegiendo el empleo y las condiciones laborales y fomentando la participación de los empleados en las decisiones sobre la implementación de estas tecnologías. Esto también podría incluir la negociación de impuestos sobre la automatización para financiar programas de apoyo y reintegración laboral.

Comentario y valoración final

En este ámbito la respuesta de la IA establece con claridad que la acción sindical influirá sin duda en el proceso de introducción de robots y algoritmos en el proceso productivo, ya que corresponde a estas entidades negociar las condiciones en las que se apliquen en las empresas los nuevos sistemas, y los sindicatos intentarán negociar las contribuciones de la empresa para compensar los sacrificios que pudieran producirse en la inevitable sustitución, al menos de forma temporal.

Quizás en esta respuesta no se hace referencia a la situación en la que pueden quedar los muchos miles de trabajadores que dependen de muy pequeñas empresas en las que la acción sindical no existe y que en la mayoría de los casos están al margen de los principales convenios colectivos, por lo que para estos la labor sindical deberá enfocarse más directamente hacia la Administración pública, que a partir de nuevas normativas podría cubrir estos intereses generales.

18
Modelo de negociación colectiva

Pregunta mejorada realizada a la inteligencia artificial

¿Qué transformaciones sufrirá el modelo de negociación colectiva en un entorno laboral cada vez más digitalizado y cómo afectarán estas negociaciones a los derechos y las condiciones de los empleados en un escenario donde la automatización es protagonista?

Respuesta obtenida de la inteligencia artificial

En un entorno laboral cada vez más digitalizado, el modelo de negociación colectiva sufrirá transformaciones significativas, adaptándose a nuevas realidades en las que la automatización y la digitalización redefinen los roles tradicionales de los empleados. Los sindicatos y representantes laborales deberán negociar no solo sobre salarios y condiciones de trabajo, sino también sobre la implementación de nuevas tecnologías, el impacto de la automatización en los puestos de trabajo y la capacitación necesaria para la reintegración laboral. Esto llevará a la creación de nuevas cláusulas que garanticen la protección de los trabajadores frente al desplazamiento por robots y algoritmos, así como la promoción de una mayor equidad en el acceso a la formación digital y a las oportunidades de empleo en sectores emergentes. Las negociaciones también deberán abordar temas como la regulación del trabajo remoto, la privacidad en el uso de tecnologías de monitoreo y la ética en la implementación de IA, asegurando que los derechos y las condiciones laborales se adapten a los cambios tecnológicos sin perjudicar a los empleados.

Comentario y valoración final

En este caso la respuesta de la IA es aún más optimista que en los supuestos anteriores y podemos decir que recoge las posiciones más bienintencionadas conducentes a que la negociación y el diálogo en el ámbito laboral incrementen su espacio y resulten la vía más adecuada para encauzar las potenciales dificultades que pudiera crear el proceso de introducción de IA en los sistemas de producción y en las condiciones de trabajo.

Sin embargo la contestación puede resultar contradictoria con la realidad, puesto que la automatización en las empresas conlleva inevitablemente una mayor flexibilidad en la forma de desarrollar el trabajo y esa flexibilidad provoca una más intensa individualización en las relaciones laborales y, por tanto, menor peso de la negociación colectiva en ellas.

En todo caso la respuesta es muy adecuada en cuanto que establece todos los ámbitos en los que la negociación colectiva debe contemplar las nuevas realidades tecnológicas, como el teletrabajo o trabajo en remoto, la formación, que permite adaptar los puestos de trabajo o buscar nuevas cualificaciones, y los códigos éticos en las empresas. Realiza también una propuesta muy interesante: la de que los convenios colectivos deberán avanzar sus objetivos para contemplar no solo salarios y condiciones de trabajo, sino también materias como la implementación de nuevas tecnologías, el impacto de la automatización en los puestos de trabajo y la capacitación necesaria para la reintegración laboral.

19
La jornada laboral y el espacio de trabajo

Enunciado convencional de la pregunta

¿Qué duración tendrá la jornada de trabajo anual y la semanal? ¿Aumentará la flexibilidad en su distribución?

Pregunta mejorada realizada a la inteligencia artificial

¿Cómo se espera que evolucione la duración de la jornada laboral semanal y anual en los próximos años y qué cambios se anticipan en términos de flexibilidad horaria y distribución del tiempo de trabajo?

Respuesta obtenida de la inteligencia artificial

Se espera que la duración de la jornada laboral semanal y anual evolucione hacia una mayor flexibilidad en los próximos años, impulsada por avances tecnológicos como la IA.

Comentario y valoración final

En este caso se ofrece una escueta respuesta que tan solo recoge la inevitable flexibilidad en el futuro de la jornada de trabajo habitual, sin aventurar si esa jornada será menor que la actual. Dicha flexibilidad proviene de la mayor presencia del teletrabajo y del trabajo a distancia que la tecnología permite. No hay referencia a si esa flexibilidad pueda significar en la práctica reducción de las horas efectivas de trabajo o lo contrario, como se está confirmando en muchas empresas en las que el tiempo de puesta a disposición del trabajador es mayor en la práctica, aunque sea desde el domicilio o desde otro lugar de trabajo. Hubiera sido también interesante conocer la aportación de la IA sobre los supuestos de desconexión digital en las profesiones más dependientes.

20
La jornada laboral en entornos presenciales

Enunciado convencional de la pregunta

¿Qué duración tendrá la jornada de trabajo anual y la semanal? ¿Aumentará la flexibilidad en su distribución?

Pregunta mejorada realizada a la inteligencia artificial

¿Qué cambios se prevén en los entornos de trabajo presenciales para adaptarse a las nuevas necesidades tecnológicas, de seguridad y flexibilidad laboral y cómo afectarán estas modificaciones a la productividad y al bienestar de los empleados?

Respuesta obtenida de la inteligencia artificial

Se prevé que los entornos de trabajo presenciales experimenten cambios significativos para adaptarse a las nuevas necesidades tecnológicas, de seguridad y flexibilidad laboral. Las oficinas incorporarán más tecnología, como sistemas de videoconferencia avanzados, herramientas de colaboración digital y espacios de trabajo inteligentes, lo que permitirá una mayor integración con modalidades de trabajo híbridas y remotas. Además, se reforzarán las medidas de seguridad, con protocolos de salud más rigurosos, espacios físicos rediseñados para garantizar el distanciamiento social y el uso de tecnologías para monitorear la calidad del aire y la higiene. Estos cambios también promoverán la flexibilidad laboral, permitiendo a los empleados elegir entre trabajar en la oficina o desde casa, según sus necesidades y preferencias. Se espera que estas modificaciones aumenten tanto la productividad como el bienestar de los empleados al reducir el estrés asociado a largos desplazamientos y ofrecer un entorno de trabajo más adaptable a los ritmos personales, mejorando así el equilibrio entre la vida laboral y la personal.

Comentario y valoración final

La respuesta de la IA en este caso nos ofrece un panorama bastante utópico, desarrollando la imagen de una oficina inteligente que cuenta con todos los parámetros de seguridad y de bienestar, además de con los mayores adelantos tecnológicos para hacer más efectivos el trabajo y la comunicación. Sin embrago este escenario tan solo parece ser real en algunas empresas y sus beneficios disfrutarlos solo un grupo limitado de trabajadores. La realidad es que el espacio físico del centro de trabajo sigue siendo un problema de difícil solución para muchas pequeñas empresas por los altos costes de los locales y el trabajo en remoto solo será posible en determinados supuestos.

En muchos casos las inversiones en nuevas tecnologías que deberán hacer las empresas podrán limitar sus recursos para invertir en los espacios físicos y en los medios que serían imprescindibles para mejorar la seguridad y la salud en el trabajo.

Por otra parte en la mayoría de los países occidentales el acceso a la vivienda es uno de los principales problemas que encuentran los trabajadores, especialmente los más jóvenes. Por esta causa los sistemas de teletrabajo pueden seguir estando muy limitados todavía ya que los domicilios en muchos casos no ofrecen las condiciones adecuadas para el trabajo.

21
Retribución

Pregunta mejorada realizada a la inteligencia artificial

¿Cómo influirá la capacitación digital en los niveles salariales, qué competencias tecnológicas serán más valoradas para mejorar la remuneración en distintos sectores y cuáles serán los factores clave que influirán en la retribución de los empleados?

Respuesta obtenida de la inteligencia artificial

La capacitación digital influirá de manera significativa en los niveles salariales, ya que las habilidades tecnológicas son cada vez más valoradas en casi todos los sectores. Aquellos empleados con competencias en áreas como programación, análisis de datos, ciberseguridad, IA y automatización tendrán una mayor capacidad de negociación salarial, dado que estas habilidades son esenciales para las empresas en un entorno digitalizado. Además, las habilidades relacionadas con el uso de herramientas de colaboración en línea, el manejo de plataformas de gestión empresarial y la optimización de procesos digitales también aumentarán el valor de los profesionales en el mercado laboral. Los factores clave que influirán en la retribución de los empleados incluirán la demanda de habilidades específicas, la especialización en áreas tecnológicas de alto impacto, el nivel de experiencia, la capacidad de adaptación a nuevos entornos digitales y la contribución a la innovación dentro de la empresa. La creciente digitalización transformará la compensación, premiando a aquellos que puedan combinar conocimientos técnicos con habilidades interpersonales y de resolución de problemas.

Comentario y valoración final

Es muy acertado el resumen de la respuesta que nos ofrece la IA, indicando que la creciente digitalización premiará en términos salariales a aquellos que puedan combinar conocimientos técnicos con habilidades interpersonales y de resolución de problemas. En la nueva etapa a las capacidades personales del trabajador será necesario añadir un mínimo imprescindible de habilidades técnicas cada vez mayor debido a la complejidad de los procesos tecnológicos para alcanzar los niveles deseados en materia de compensación salarial y reconocimiento profesional.

Quizás faltaría una reflexión sobre que estos cambios en los modelos salariales también pueden venir acompañados por unas desigualdades salariales mayores que las que conocemos en la actualidad, tanto en el seno de la empresa como entre sectores empresariales diferentes según sus actividades principales, su tamaño o su localización.

22
Retribución variable

Enunciado convencional de la pregunta

¿Se va a extender la retribución variable en función de resultados?

Pregunta mejorada realizada a la inteligencia artificial

¿Se ampliará el uso de la retribución variable basada en resultados en las empresas? ¿Y qué métricas o indicadores de rendimiento serán más utilizados para determinar las compensaciones?

Respuesta obtenida de la inteligencia artificial

Es probable que el uso de la retribución variable basada en resultados se amplíe en las empresas, especialmente en un entorno digital en el que la productividad y el desempeño pueden medirse con mayor precisión. Las compensaciones estarán cada vez más vinculadas a métricas e indicadores de rendimiento clave, como el cumplimiento de objetivos específicos, la eficiencia en el uso de tecnologías, la mejora en la satisfacción del cliente, el aumento de la rentabilidad y la innovación en los procesos. Además, se podría dar mayor peso a indicadores de impacto en la sostenibilidad y la capacidad de adaptación al cambio, como la implementación de nuevas herramientas digitales o la contribución a proyectos de transformación digital. Esta modalidad permitirá a las empresas alinear mejor los intereses individuales con los objetivos organizacionales, premiando el desempeño sobresaliente y fomentando una cultura de resultados medibles y orientados al futuro.

Comentario y valoración final

Es contundente la respuesta de la IA en sentido afirmativo, justificando esta seguridad en que en los ámbitos digitales la productividad y el desempeño pueden medirse con mayor precisión, asegurando que esta modalidad de retribución permitirá a las empresas alinear mejor los intereses individuales con los objetivos organizacionales, premiando el desempeño sobresaliente.

No hay nada que objetar a esta respuesta; tan solo recordar que este sistema de retribución variable suele ser vista con escepticismo por los representantes de los trabajadores u organizaciones sindicales, que, como se ha visto anteriormente, continuarán teniendo protagonismo en particular en las más grandes empresas. Este sistema de compensación puede conducir a una competencia no deseada entre trabajadores y ámbitos funcionales en las empresas y potencia la negociación individual en las relaciones laborales, lo que en determinados supuestos es contrario a los intereses generales, por lo que podría producirse una oposición interna y externa a su expansión y desarrollo.

Conclusiones

La IA nos responde a las preguntas sobre relaciones laborales y condiciones de trabajo reconstruyendo las opiniones más extendidas en esta materia, tanto en el ámbito académico como en el periodístico. Se corresponden las respuestas a la idea más generalizada de que la introducción de la IA en la economía debería mejorar las condiciones de trabajo ya que permite una mayor productividad del trabajador sin realizar un esfuerzo superior, pudiendo reducir la jornada laboral, mejorar los centros de trabajo más tecnificados o posibilitar el trabajo a distancia en mejores condiciones.

Por supuesto, estos cambios traen consigo incertidumbres que solo se podrán resolver en el futuro, como la generalización de la negociación individual de las condiciones de trabajo, que puede perjudicar a la convención colectiva, la menor influencia sindical en las empresas y los cambios en el proceso de toma de decisiones, que pueden producir distorsiones en la línea jerárquica y de autoridad en la empresa.

Por tanto, las respuestas nos crean un panorama de más dudas que respuestas, ya que se parte del supuesto de que la normativa laboral y las estrategias de las empresas deberán adaptarse, de tal manera que las conclusiones negativas en ningún caso superen a los beneficios esperados, pero ello depende de otros muchos factores que no están vinculados directamente al modelo de trabajo, sino a decisiones políticas o sociales que en la actualidad son más bien incógnitas.

Las contestaciones en general se refieren a las empresas de mayor dimensión y en ningún caso nos presentan sesgos para otro tipo de empresas de menor dimensión, pese a ser mayoritarias en todo el panorama empresarial; este es un déficit de análisis general que se repite constantemente en todos los estudios y, por tanto, no es novedad.

Epílogo

Nuestro propósito con este libro es analizar el impacto de la IA en el ámbito laboral futuro. Para ello, hemos formulado una serie de preguntas a una de las IA generativas disponibles en el mercado, lo que nos ha permitido evaluar las respuestas obtenidas de un modelo entrenado con grandes cantidades de texto para sostener *conversaciones* con ella. De esta experiencia, hemos concluido que aún queda un largo camino por recorrer en cuanto al entrenamiento de la IA generativa para lograr mayor precisión y concreción, siendo necesarios un análisis crítico y experiencia para la validación de las respuestas proporcionadas.

La automatización de los procesos repetitivos sin valor añadido y la mejora en la productividad y eficiencia que genera la IA nos plantean incógnitas sobre las consecuencias en el cumplimiento de los derechos recogidos en la Declaración Universal de los Derechos Humanos, adoptada por la Asamblea General en su resolución 217 A (III), de 10 de diciembre de 1948, especialmente en los arts. 22 y 23. Estos artículos se centran en el derecho a tener un empleo que satisfaga las necesidades sociales, económicas y culturales, con condiciones equitativas y satisfactorias de trabajo y protección contra el desempleo[1].

La IA, con sus respuestas, nos señala que impactará directamente a empleados de ciertos sectores y que los perfiles más analógicos necesitarán formación para mantenerse en el mercado laboral. Estos conocimientos, por tanto, urge incluirlos en los programas educativos desde una edad temprana para asegurar la igualdad de oportunidades frente a los modelos tecnológicos. La UNESCO, con su objetivo de garantizar la educación para todos, promueve el debate ético sobre el uso de la IA como herramienta educativa y busca soluciones para cerrar la brecha digital entre países con diferentes niveles de infraestructura tecnológica, asegurando que los beneficios derivados de la aplicación y el uso de la IA favorezcan a la humanidad.

Para protegerse del impacto desconocido de la IA, algunas organizaciones y autoridades están tomando medidas. En 2020, Estados Unidos emitió guías, mientras que la UE aprobó el Reglamento de Inteligencia Artificial (RIA)[2], vigente desde el 2 de agosto de 2024, con obligaciones para operadores, proveedores y responsables de IA. Debido a su complejidad, se han creado documentos sobre prácticas prohibidas y un repositorio de acciones educativas por empresas de la UE. La ISO también ha ayudado con su estándar ISO/IEC 22989:2022[3], que aclara conceptos y terminología de IA.

En la UE, la protección de datos y la regulación de la IA son prioridades legislativas, con el Reglamento General de Protección de Datos (RGPD) y el RIA como enfoques principales para proteger los derechos individuales y asegurar la transparencia. Mientras tanto, China lidera en patentes de IA generativa con 38 210 en la última década, seguida por Estados Unidos con 6276. Corea del Sur, Japón, India, Reino Unido y Alemania (el primer país de la UE) también destacan en este ámbito, según la Organización Mundial de la Propiedad Intelectual[4].

Europa lidera en legislación y ética, protegiendo los derechos de los ciudadanos. China se enfoca en 5G (experimentando ya con redes 6G), drones y baterías, mientras que Estados Unidos lidera en *software*, computación cuántica y defensa. Ambas potencias compiten en energías renovables, IA y semiconductores.

La UE, que representa menos del 6 % de la población mundia[l5], es el principal exportador de productos manufacturados y servicios y el mayor importador para ochenta países. Se esfuerza por liderar en IA, defendiendo los derechos fundamentales de las personas dentro y fuera de su territorio.

Existen varios ejemplos que ilustran esta situación, como el primer ordenador cuántico con tecnología 100 % europea, promovido por el Gobierno español a principios de febrero de este año y ubicado en Barcelona, en el Barcelona Supercomputing Center (Centro Nacional de Supercomputación) (BSC-CNS), que forma parte de las siete AI Factories de la UE[6]. Otro ejemplo en España es AMETIC, la asociación representante del sector de la industria digital en España[7], que desde hace años promueve acciones para señalar la necesidad de la independencia tecnológica del país y del continente europeo frente a otras potencias económicas en lo que respecta a la fabricación de semiconductores, materiales indispensables para la fabricación de cualquier dispositivo electrónico. La pandemia de la COVID-19 nos puso de manifiesto esta debilidad.

La IA impacta en la economía y la sociedad mediante la automatización y los algoritmos. Es necesario que los Gobiernos tomen decisiones rápidas para proteger los derechos humanos fundamentales. Esto incluye formación digital completa, difusión veraz de la información, eliminación de desigualdades y reducción de la brecha digital con inversiones equitativas y mejor repartidas para asegurar una sociedad que busque bienestar y realización personal.

La humanidad tecnológica en el entorno laboral no debe renunciar a:

- «Tan solo la moralidad en nuestras acciones puede darle belleza y dignidad a la vida» (Albert Einstein).

- «El fin último de todo cambio social revolucionario debe de ser establecer la santidad de la vida humana, la dignidad del humano y el derecho de todo ser humano a la libertad y al bienestar» (Emma Goldman).

- «No hablamos solo de asegurar a todos la comida o un decoroso sustento, sino de que tengan prosperidad sin exceptuar bien alguno. Esto implica educación, acceso al cuidado de la salud y especialmente trabajo, porque en el trabajo libre, creativo, participativo y solidario el ser humano expresa y acrecienta la dignidad de su vida» (*Evangelii gaudium*. Exhortación apostólica, Papa Francisco). «La dignidad no tiene precio. Cuando alguien comienza a dar pequeñas concesiones, al final, la vida pierde su sentido» (José Saramago).

- «Inteligencia es la habilidad de adaptarse y cambiar» (Stephen Hawking).

Notas

Capítulo 1

1. World Economic Forum (2020). *The Future of Jobs Report.*
2. SHRM (2019). *The global skills shortage: Bridging the talent gap with education, training and sourcing.* Society for Human Resource Management.
3. World Economic Forum (2020), op. cit.
4. World Economic Forum (2020). *The Future of Jobs Report.*

Capítulo 2

1. https://op.europa.eu/en/publication-detail/-/publication/a9efa929-3ec7-11e8-b5fe-01aa75ed71a1
2. World Economic Forum (2025). *The Future of Jobs Report.* https://www.weforum.org/stories/2025/01/developing-a-resilient-workforce-strategies-for-continuous-people-development/
3. https://www.gartner.com/en/doc/745430-future-of-work-trends
4. https://www.deloitte.com/be/en/services/tax/services/global-tax-automation.html
5. OECD (2020). *OECD Employment Outlook 2020.* OECD Publishing.
6. https://www.mckinsey.com/~/media/McKinsey/Industries/Public%20and%20Social%20Sector/Our%20Insights/What%20the%20future%20of%20work%20will%20mean%20for%20jobs%20skills%20and%20wages/MGI-Jobs-Lost-Jobs-Gained-Executive-summary-December-6-2017.pdf

7. https://www.pwc.es/es/publicaciones/digital/global-digital-trust-2022.pdf
8. https://www.forrester.com/blogs/the-future-of-services-an-interview-on-why-were-launching-this-research/

Capítulo 3

1. https://ipyme.org/es-es/Paginas/noticias-detalles-simple.aspx?idnoticia=904
2. https://www.eurofound.europa.eu/system/files/2015-11/ef1548es1.pdf
3. (https://eur-lex.europa.eu/legal-content/ES/TXT/PDF/?uri=CELEX:52020DC0274&from=EN)
4. https://portal.mineco.gob.es/es-es/ministerio/estrategias/Paginas/00_Espana_Digital.aspx

Capítulo 4

1. https://commission.europa.eu/strategy-and-policy/recovery-plan-europe_es#:~:text=NextGenerationEU%20es%20un%20instrumento%20temporal,por%20la%20pandemia%20de%20coronavirus.
2. https://foretica.org/blog/2025/01/esto-es-lo-mas-destacado-del-informe-the-future-of-jobs-2025-del-foro-economico-mundial/
3. https://www.ilo.org/es/acerca-de-la-oit
4. [21] BERG, J. (2016). Income security in the on-demand economy: Findings and policy lessons from a surveyof crowdworkers. *ILO, Conditions of Work and Employment Series*, n.º 74. Geneva, p. 25.

Epílogo

1. https://www.un.org/es/documents/udhr/UDHR_booklet_SP_web.pdf
2. Reglamento (UE) 2024/1689 del Parlamento Europeo y del Consejo, de 13 de junio de 2024
3. https://artificialintelligenceact.eu/es/high-level-summary/
4. https://www.wipo.int/es/web/patent-analytics/generative-ai#
5. https://european-union.europa.eu/principles-countries-history/facts-and-figures-european-union_es
6. https://www.bsc.es/es
7. https://ametic.es/wp-content/uploads/2024/07/Propuesta-de-Estrategia-de-Microelectronica-para-Espana_VFinal.pdf

Autores

Coordinador y autor

José Joaquín Flechoso es especialista en digitalización, gestión del talento y transformación del sector público. Actualmente, es director de Relaciones Institucionales en Capital Radio y presidente de la Fundación para la Competitividad. Anteriormente, fue gerente de Informática en la Seguridad Social. Tras un período de excedencia, volvió a la Gerencia de Informática de la Seguridad Social donde desempeñó el cargo de director de Estrategia TIC en la Gerencia Adjunta. Dirige tres programas semanales en Capital Radio—*Cibercotizante, Gestión del Talento* y *Empleo Público*—, en los que analiza el impacto de la digitalización en el empleo y las Administraciones públicas. Es también director asociado del máster en Transformación Digital del Sector Público en la Universidad Internacional de la Rioja (UNIR) y conferenciante habitual en foros empresariales y académicos. Premiado como Digital Broadcaster del Año en los ExpoEurope Awards 2023, ha colaborado con la CEOE en el ciclo #TrabajamosenDigital. Es autor de varios libros y articulista en *El Confidencial, Byte TI* y *Telos*. Además, preside el Colectivo Cibercotizante, impulsando el debate sobre el futuro del trabajo en la economía digital.

Autores

Mónica Arquero es abogada y líder empresarial con más de 30 años de experiencia en estrategia, desarrollo de negocio, innovación tecnológica y transformación digital. Su trayectoria ha estado marcada por su pasión por la tecnología, la ética y el desarrollo del talento, principios que ha aplicado en todas sus funciones. Gracias a su dominio de varios idiomas, ha trabajado en compañías nacionales e internacionales, gestionando equipos multidisciplinares de hasta 450 personas, y liderando iniciativas de alto impacto en buen gobierno, gestión de riesgos y cumplimiento normativo (GRC), digitalización y sostenibilidad.

Ha fundado varias empresas especializadas en recursos humanos y GRC, y actualmente lidera una *startup* que busca revolucionar su sector mediante tecnología disruptiva.

Además de su labor directiva, es docente y formadora en instituciones como OBS Business School y American Management Association, donde imparte cursos sobre liderazgo, técnicas de negociación y desarrollo profesional. Su trabajo refleja un firme compromiso con el crecimiento de los jóvenes talentos y la evolución de los perfiles *senior*.

Eva Astorga es licenciada en Geografía e Historia en la especialidad de Historia del Arte (UAM). Experta profesional en Tecnologías Avanzadas para la Gestión y Documentación del Patrimonio (UNED), y en Tecnologías Avanzadas para la Difusión y Puesta en Valor de Patrimonio Cultural (UNED). Cuenta, además, con un MBA Executive en Dirección de empresas por la Universidad de Nebrija y es *coach* ejecutiva (ICF). Actualmente, escribe su tesis doctoral sobre los antecedentes históricos y tecnológicos de las exposiciones inmersiva (UAM).

Con más de 25 años de experiencia, ha trabajado como especialista en gestión del cambio y transformación en varias empresas de consultoría, liderando proyectos de implantación de estrategias de RR. HH., gestión del cambio y tecnología tanto en España como en Latinoamérica. Actualmente trabaja en la dirección de Transformación y Talento digital de una empresa del sector gran consumo.

Es autora del libro *Arteficial. Humanismo en la era de la inteligencia artificial generativa* (2023) y ha contribuido al libro *Patrimonio digital* (2024); docente en diversas escuelas de negocio y universidades, y conferenciante en foros sobre transformación, tecnología, innovación, cultura, talento y liderazgo. Mantiene dos blogs (*Lateralia.es* y *Arteficial.es*) y colabora en medios como *Telos* (Fundación Telefónica) o *Jot Down*, entre otros.

Carlos de Santiago es ingeniero con MBA, autor, *business coach* y conferencista internacional. Con más de 25 años de experiencia en el mundo corporativo, ha desarrollado su carrera en diversos países e industrias, ocupando cargos directivos y acompañando procesos de transformación organizacional.

Es experto en liderazgo, inteligencia emocional, gestión del cambio, agilidad, cultura y bienestar organizacional. A lo largo de su trayectoria ha trabajado como consultor, mentor y capacitador, ayudando a emprendedores, ejecutivos y equipos directivos a desarrollar habilidades clave como la comunicación, el establecimiento de objetivos, la organización de prioridades, el liderazgo efectivo y la gestión emocional. Su estilo se caracteriza por una combinación de franqueza, humor y pasión.

Está certificado como *coach* en Programación Neurolingüística por HCN World, experto en liderazgo por Maxwell Leadership, en gestión del cambio por el Human Change Management Institute (HUCMI), y como Scrum Master por Scrum Alliance. También es OKR Certified Professional (Certiprof), posee un posgrado en felicidad y bienestar organizacional por la Universidad Nebrija, y certificación LeanSixSigma White Belt.

Actualmente es mentor en liderazgo y gestión de equipos en el programa de Master of Business Management de Bright Domino, y actúa como *coach* ejecutivo y formador en liderazgo, comunicación, cultura de ejecución e inteligencia emocional, participando en conferencias, webinars y talleres tanto a nivel nacional como internacional.

Es autor del libro *¿IA lideras? Retos y oportunidades de liderar con la Inteligencia Artificial* y coautor de *Gerente del Cambio. La evolución necesaria para los líderes del siglo XXI.*

Sebastián Reyna cursó estudios de Filosofía y Letras y Sociología en la Universidad Complutense de Madrid. Fue director general de Cooperativas y Sociedades Laborales del Ministerio de Trabajo y Seguridad Social; miembro de la Comisión Ejecutiva Confederal de la Unión General de Trabajadores; secretario general de la Unión de Profesionales y Trabajadores Autónomos de España (UPTA) y consultor *senior* de LHH Adecco en materia de autoempleo y seguridad social. Actualmente está jubilado.

Es miembro del Comité de Observadores del Observatorio de los Derechos Humanos de España (ODHE) y secretario de la Asociación Cibercotizante.